记忆深处

《"四特"教育系列丛书》编写组　编著

吉林出版集团股份有限公司
全国百佳图书出版单位

图书在版编目（CIP）数据

记忆深处／《"四特"教育系列丛书》编写组编著.
—长春：吉林出版集团股份有限公司，2012.4

（"四特"教育系列丛书／庄文中等主编. 在故事中升华经典）

ISBN 978-7-5463-8673-7

I.①记… Ⅱ.①四… Ⅲ.①中小学－教师素质
Ⅳ.① G635.16

中国版本图书馆 CIP 数据核字（2012）第 044116 号

记忆深处
JIYI SHENCHU

出 版 人	吴　强
责任编辑	朱子玉　杨　帆
开　　本	690mm×960mm　1/16
字　　数	250 千字
印　　张	13
版　　次	2012 年 4 月第 1 版
印　　次	2023 年 2 月第 3 次印刷
出　　版	吉林出版集团股份有限公司
发　　行	吉林音像出版社有限责任公司
地　　址	长春市南关区福祉大路 5788 号
电　　话	0431-81629667
印　　刷	三河市燕春印务有限公司

ISBN 978-7-5463-8673-7　　　　定价：39.80 元

前　言

　　学校教育是个人一生中所受教育最重要组成部分，个人在学校里接受计划性的指导，系统地学习文化知识、社会规范、道德准则和价值观念。学校教育从某种意义上讲，决定着个人社会化的水平和性质，是个体社会化的重要基地。知识经济时代要求社会尊师重教，学校教育越来越受重视，在社会中起到举足轻重的作用。

　　"四特教育系列丛书"以"特定对象、特别对待、特殊方法、特例分析"为宗旨，立足学校教育与管理，理论结合实践，集多位教育界专家、学者以及一线校长、老师们的教育成果与经验于一体，围绕困扰学校、领导、教师、学生的教育难题，集思广益，多方借鉴，力求全面彻底解决。

　　本辑为"四特教育系列丛书"之《在故事中升华经典》。

　　这是一部写给老师的书，因为故事中蕴含着慈爱、和谐、人性的教育方式；这也是一部写给学生的书，因为故事中洒满老师们对学生的温暖、感动、爱意、执着、顽强与刚毅……

　　教育是一门科学，也是一门艺术，是塑造人心智的高超艺术。对于教育人人都有自己的看法，而这本书中的观点能给人以许多启示。本书还汇集了众多著名教育学家、知名教师的经典教育文论，共同领略著名专家学术研究风范，引领我们进入教改理论与实践前沿，分享最新研究成果，把握创新教学理念脉搏，感悟前瞻性的教学思想。

　　教育，润物无声，是一种智慧、一种境界、一种追求。教育的这种智慧，这种境界，这种追求，虽然无声无形，但却有踪迹可寻。在教育实践中，那一个个平凡却并不平淡的片段，或呈现出教师解决问题的教育智慧；或记录着教师走出困惑的教学经历；或展现出教师奉献爱心的热忱。回顾那一个又一个生动的教育实践，既是一个沉淀的过程，也是一个升华的过程。

　　本辑共20分册，具体内容如下：

　　1.《师生情难忘》

　　如果我们的人生有一段华美的乐章，那一定来自老师教给我们的7个音符！一天天，一年年，我们在校园里茁壮成长。从懵懂孩童到青春飞扬，然后进入社会大舞台搏击人生。老师谆谆教诲的深情，是我们前行的灯火，给我们温暖、力量和信念……本书选录了100篇发生在师生之间的真情故事。这些平凡而真切的故事，让我们感动，让我们沉思，让我们回忆，让我们心怀敬意和感激……

　　2.《记忆深处》

　　翩翩红叶，徐徐飘落，总不忘留给土地柔软与肥沃；涓涓泉水，潺潺流淌，总不忘带给岸边甘甜与欢歌。享受"师生"情，奉献真诚心！让我们把握这份情，让心灵浸润在肥沃的土壤，开出绚烂的花朵；让我们紧守这份爱，让生命谱写圣洁的乐曲，唱出青春的赞歌。

在坎坷的人生道路上，是谁为我们点燃了一盏最明亮的灯；在荆棘的人生旅途中，是谁甘做引路人为我们指明前进的方向……是您，老师，把雨露洒遍大地，把幼苗辛勤哺育！无论记忆多么久远，每当想起老师，依然激情难耐；每当面对熟悉的老师，那一瞬间，那一件小事……总是激起我们对老师久蓄于心的感激……

3.《成长足迹》

这是发生在校园里的平凡而又感人至深的师生故事。因为爱，所以在教育的天空下，才会发生这么多感人的故事，这些也是对教育生命的审问、感怀和确认。这是一部写给老师的书，因为故事中蕴含着慈爱、和谐、人性的教育方式；这也是一部写给学生的书，因为故事中洒满老师们对学生的温暖、感动、爱意、执着、顽强与刚毅……

4.《悸动的心灵》

追忆往事并不是轻而易举的事情，在漫长的教育生涯中发现自己最难忘的某一个瞬间，其实也就像重新获得一种生存的意义一样美妙。这些教育故事也许并不是教育的解决之道，但却是对教育生命的审问、感怀和确认。也许我们更应该在教育中活出自己，也许我们既活在未来更活在无限的过去，在这些纷繁复杂却又素朴平凡的场景中，有最乐意的付出，有泪水和智慧，更有日日夜夜用心抒写因而温润无比的爱。

5.《春暖花开》

教育是一门科学，更是一门艺术。执着并献身于教育，不仅需要大步向前，也需要回头反思。回顾那一个又一个生动的教育实践，既是一个沉淀的过程，也是一个升华的过程。走进本书，这里全是暖暖的爱。

6.《孩子的微笑》

教育，润物无声，是一种智慧、一种境界、一种追求。教育的这种智慧，这种境界，这种追求，虽然无声无形，但却有踪迹可寻。在教育实践中，那一个个平凡却并不平淡的片段，或呈现出教师解决问题的教育智慧；或记录着教师走出困惑的教学经历；或展现出教师奉献爱心的热忱。

7.《故事里的教育智慧》

本书主要关注家庭教育、学校教育及社会教育中家长与孩子、教师与孩子、孩子与孩子之间的故事，它的特色是小故事蕴含大道理。其宗旨是：讲述真实的教育故事，研究深切的教育问题，创生新锐的教育思想，激活精彩的教育行动。其风格是：直面真实，创新为本和故事体裁。

8.《难忘的教育经典故事》

根据家长、教师和孩子的困惑，用各种形式的教育故事讲述一些很明白的道理，引导人用智慧的手段促进人的成长。这些故事或来自国外的或来自一线教学的实践，对于教育类人群均具有启发性。一个个使教师深思的小故事，一个个让学生向善的小故事，让我们教师真正领会生命教育的内涵。从现在开始关注生命的成长，关注人类的发展，关注社会的进步。

9.《中国教育名家印记》

在人类文明的进程中,数不清的教育大家,手擎着大旗,浓书着历史,描绘着蓝图,才有了今日教育的巨大进步。他们站在教育的殿堂里,发出的宏音,留下的足印,历史永远都不应该忘记,也不会忘记。

本书编者放眼中国教育进程,遴选出对教育产生重大影响的国内近百位教育名家,对其生平、教育思想、学术成果等进行介绍评说。

10.《外国教育名家小传》

在人类文明的进程中,数不清的教育大家,手擎着大旗,浓书着历史,描绘着蓝图,才有了今日教育的巨大进步。他们站在教育的殿堂里,发出的宏音,留下的足印,历史永远都不应该忘记,也不会忘记。

本书编者放眼人类教育进程,遴选出对教育产生重大影响的近百位世界教育名家,对其生平、教育思想、学术成果等进行介绍评说。

11.《随手写教育》

什么是良好的教育?教育是诗性的事业?性教育何去何从?是否应该把儿童世界还给儿童?假设陈景润晚生40年……本书汇聚了中国最佳教育随笔,对于和教育相关的各个方面问题都有所畅谈,对于教育者和被教育者来说都有所裨益。

12.《我心思教育》

本书涉及到了教育学众多的重要领域和主题,包括教育的真义、教育的价值、教育与社会、教育与生活、课程与教学、道德教育、师生关系、教师的学习与成长等等。它力图用感性的文字表达理性的思考,用诗意的语言描绘多彩的教育世界,以真挚的情感讴歌人类之爱,以满腔的热情高扬教育的理想与信念。

13.《教育新思维》

本书站在教育思想的前沿,以既解放思想又科学审慎的态度,兼用独特的视角,论述了近年的教育理论新说,涉及"教育呼唤'以人为本'"、"公民教育"、"素质教育新解读"、"教育公平与政府责任"、"创新人才培养"、"文化传承与创新"、"教育家办学"等热门话题。这些文章,不避偏,不畏难,遵循教育发展规律和中小学生身心发展规律,引领教育理念和教育实践,反思教育行为误区,无不闪烁着思想和智慧的光芒。对于渴望提升自身理论素养的教育工作者来说,这本书值得一读。

14.《名家名师谈教育》

本书使读者在学习和掌握教育理论的同时,领略到文章的理趣、情趣和文趣,既有助于深厚教师的文化底蕴,又有助于帮助广大教师确立对于教育的理想与信念;既有助于培养和激发广大实践工作者的理论兴趣,又能帮助教师生成教育的智慧和提升广大读者对于生活的热爱与柔情。

15.《世界眼光看教育》

本书荟萃了多位世界级教育思想巨擘的主要思想。从皮亚杰的发生认识论、维果茨基的文化—历史理论、布鲁纳的结构主义,加德纳的多元智能一直到诺丁斯的关怀教育思想等等,现当代世界教育思想的发展脉络清晰、准确而完整。

本书既有思想评介,又有论著摘录,无论教育研究人员还是一线教育工作者,均可非常便捷而精准地从中获得思想大师们的生动启迪,加深对当代教育发展特质的深切理解,是教育、教研、教学工作者不可多得的必备工具书。

16.《大师眼中的教育》

这不是一本以教育专家的身份、眼光、学养来谈教育的书。本书各篇文章提供了许多新史实、新观点,为我国教育史和教育理论工作者长期以来对某些历史人物评价的思维定势提供了新的清醒剂。

17.《教育箴言》

名人名言是前人留给我们的精神财富和智慧结晶。阅读它,不仅能丰富知识,陶冶情操,更能为我们的人生之路指引方向。该书着重论述三方面的内容:教育——造福人类的千秋伟业;教师——人类灵魂工程师、育人的典范;师德——塑造教师灵魂的法宝。

18.《百家教育讲坛》

这是一本兼具思想性、可读性和经典价值的教育智慧读本。书中介绍了孔子、卢梭、爱因斯坦、康德、梁启超、杜威、蔡元培、叶圣陶等几十位古今中外思想家、科学家、教育家关于教育的精彩论述,集中回答了教育的本质、教学的艺术、知识之美、教师的职业生活、儿童的成长等问题。探幽析微,居高声远,让我们直窥教育本原之堂奥。归真返璞,正本清源,你会发现,教育,原来可以如此朴素而美好。

19.《名师真经》

本书从专家心理学研究出发,以新教师到专家教师这一成长过程为线索,剖析了教师在专业化发展中出现的主要问题与阶段性特征,动态性是展现了教师成长的内在原因与实质,并有针对性地提出了促进新教师成为专家教师的系列化教学理念、观点与方法,这有助于教育研究者与实践工作者深入理解教师专业发展的规律,有利于在观念层面上树立科学的教师人才观,以制定行之有效的教师培养方法与措施。

20.《师道尊严》

本书意在激励教师以站着的方式获得成功。全书讲述了站着成长的精神、站着成长的思想、站着成长的基础、站着成长的学问和站着成长的行动。全书力求字字诉说教师成长之心声,篇篇探寻教师优秀之根本,章章开启教师幸福之道路。

由于时间、经验的关系,本书在编写等方面,必定存在不足和错误之处,衷心希望各界读者、一线教师及教育界人士批评指正。

编者

C 目 录
ONTENTS

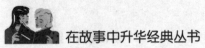

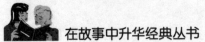

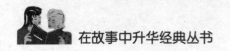

最是那一握手的感动

◇ 陆　军

"老师，帮帮我们吧，我们没办法，只能找你了。"

"这个宿舍我不想回了，我宁可呆在教室里。"

"我很伤心，好好的宿舍怎会变成这样子，谁能帮我们找回原来的我们。"

看着学生写的周记本以及递给我的纸条，我心里真是感慨万千。这宿舍的八位女生，个个都是能干之辈，开始宿舍里搞得相当好，可一个多月后就渐渐出现了矛盾，现在已闹得不可开交。听其他同学反映，这个宿舍已分成三派并干过两仗了。我也一直在想解决良策，但尚未找到很好的解决方法，所以一直在犹豫不决。如今她们自己提出要我去，看来我现在是无法再回避了，于是我找来室长告诉她请全体宿舍成员下午三点钟准时在教室集中！

这一天是星期天，天空正淅淅沥沥地下着雨，我理了理凌乱的心绪，拿着一本《读者》走进了教室，因为我恰好在这本书里看到一篇好文章也许会有用。教室里八位女生的脸比窗外的天空还要阴沉，并且分成了三堆坐着。"唉——"我心里叹了一口气。

我召集她们围着我坐好。"怎么了？"我明知故问，"怎么都板着脸啊？笑一个吧，我可喜欢看到你们笑的样子。"我调侃道。我看见几个女生嘴角动了一下，这种尴尬的笑容只维持了一会儿。

我只得苦笑了一下："我知道你们出了一些问题，今天我们就来解决一下。其实同学之间也没什么大不了的事情，我真诚地希望你们都能从善意的角度去看待每一个人，这样才有助于问题的解决。"我一边讲一边观察着她们，"现在我想请你们谈谈自己都是怎么想的，谁先来？"

沉默，可怕的沉默，每个人都低下了头。这在我的预料之中，我拿出了《读者》，说："这里有一篇文章，我觉得很好，谁来帮我读一下？"我举起手

里的书。

"我来。"刘燕站起来。我窃喜,可喜的第一步啊。她接过书,开始读了起来。故事很简单,写的是作为中国人的作者在洛杉矶的一家旅馆里看到三个黑人孩子在餐桌上写东西,就好奇地去问,原来他们竟是在给他们的妈妈写感谢信,并且这是他们每天必做的功课,这让作者觉得很不可思议,再看他们写的内容,却是诸如"路边的野花开得真漂亮"、"昨天吃的比萨饼很香"、"昨天妈妈给我讲了一个很有意思的故事"之类的简单语句,这让作者心头一震,最后感慨道:"如果我们像这些孩子一样,拥有一颗'感恩'的心,善于发现周围事物的美好,感受平凡中的美丽,那我们就会以坦荡的心境、开阔的胸怀来应对生活中的酸甜苦辣,让原本平淡的生活焕发出迷人的光彩。"

故事念完了,她们又陷入了沉默,但我能感觉得出此时的气氛已有所变化,这篇文章的感化作用已体现了出来。停了一会儿,我打破沉默,说:"现在我想请你们再谈谈对这件事的看法,谁先来?"我环视着她们,她们仍低着头。"你先来说说吧。"我指了指其中一个叫庄蕾的女孩。

"其实在整件事里我也有错的地方,本来我们好好的宿舍现在变成这样,我很难过。"她轻声地说着,我听了心里大为宽慰,事情正在向好的方向发展。"可是,那天我在宿舍前面的时候,她们不该把洗脚水往我们脚上泼。"糟糕!要吵开了!

"那能怪我们吗?谁让你在宿舍里老是骂我?"果然,那边开始反驳了。

"是你们自己先不好的,能怪我们吗?"这边也有帮忙的。

"行了!行了!我们是来解决问题的。"我摆摆手,制止了她们。"像你们这样能解决问题吗?"我有些怒气,站了起来。我叹了口气,慢慢走到窗前,看着窗外淅淅沥沥的小雨正不紧不慢地下着。"怎么办?"我心里在想。

转过身再看看这八位女生都低着头坐在那儿,一副可怜兮兮的样子。"为什么你们要这样?就不能和和气气地生活在一起?我该怎么办?"我摇摇头,开始在教室里踱着步。三分钟,这漫长的三分钟啊,在这三分钟里,我的脑海里转过了无数个念头,教室里很静,只听得见我的脚步声和窗外的雨声。忽然我灵机一动,何不这样试试。

"我想问你们，你们愿意和好吗？"我以一种真诚的口吻询问道。她们还是低着头不作任何表态。"看来我只能一个一个来问了。"我这样想着。"王燕，你愿意吗？"我问。

"愿意的，我不想再这样了。"王燕点点头。

"薛海，你呢？""愿意的。"

"好，庄蕾、蒋贤、刘燕、曹建莉、陈超、王小腾，你们呢？"我一个一个问，她们都表示愿意。

"那好，既然这样，我有一个建议，我希望每个人与另外七个人都握一下手，表示冰释前嫌，以前的都不要再计较了。不过，我有个要求，握手的时间不能少于十秒，而且一定要互相看着对方的眼睛。"我相当注意自己的语气，尽量用一种较为轻松的口吻，以营造一种和谐的气氛。

"谁先来呢？"没有人主动，这是我预计到的。"蒋贤，我希望你能先来。"蒋贤是一个文静、善解人意的女孩，原先主动提出希望老师帮她们解决问题的同学中就有她。

蒋贤站了起来，走到薛海座位前，轻轻地伸出手来，薛海也伸出手，两只手握到了一起，"一、二、三……"我一边看着她们，一边在心里默默地数着。"九、十、十一。"两人相视一笑，这轻轻的一笑，像是阴雨天泄下来的一丝阳光，让人心里无比惬意。接着蒋贤与其他几个都一一握过了手，这为接下来的行动开了个好头。

"下一个谁啊？"我笑着问，气氛已没那么紧张了，我感觉到空气里有一种活跃的因素在扩散。"王燕，你来。好吗？"看来还是要我来点名。

王燕站起来，也先走到薛海面前，薛海是室长，所以大家都先和她握手。王燕轻轻地伸出手，和薛海的手紧紧地握在一起，"一、二、三……"我心里在默数着，忽然我听见一声轻轻的抽泣声，我看见王燕和薛海紧握的手在颤抖着，晶莹的泪珠从脸庞上滑落下来，我能感觉到她们用自己的体温相互温暖了对方的感觉，原来人与人之间是可以通过这种最原始的方式来得到安慰和感受对方的。接下来的进展出乎了我的意料，她们竟然自觉地站起来，互相握住对方的手，她们无法再控制自己的感情，任由泪水落下来。"对不起，以前是我错了，请你原谅我吧。""没关系，我们以后要互相谦让。""让我们回到过去吧。"

"唉。"我心里叹了口气，我没有想到就这么简单的一次握手，竟会起到如此神奇的作用。以前读徐志摩的诗中"最是那一低头的温柔"一句觉得不解，当我看到我的学生们互相握着手，眼泪慢慢流出来时，我终于明白了这句话的含义。"流吧，你们的眼泪就尽情地流吧，让它洗去你们心里的种种不快以及留下的各种阴影。一切都过去吧，就像窗外的雨，把你们不愉快的过去都冲刷干净吧，重新开始一个新的生活吧。"我在心里默默地祝福着她们。

我转过身看着她们互相拉着手，拥抱着，流着泪的样子，眼里竟然也有一种异样的东西在涌动，我拼命地忍住，用一种愉快的口吻说道："我知道今天我们班有一位同学生日，但我要说，其实今天也是你们的生日，是你们宿舍获得新生的生日，你们同意吗？"

"同意！"她们点头回答。

"那我们是不是要庆祝一下啊？"我提议。

"好啊！怎么庆祝？"她们都笑着问我。我看着她们流着泪的笑脸，忽然想起了一个词——"梨花带雨"，好美的词啊，简直就是为她们而造。

"我提议晚上你们八个人在食堂围在一桌吃一顿团圆饭。"我笑着说。

"好的，不过你一定要过来陪我们，因为今天是我们的生日啊。"她们围着我，你一言我一语地邀请我。

"好吧。"这帮女生啊，真拿她们没办法，"还有什么事吗？没事的话就回宿舍吧。"

"没有了，谢谢陆老师，我们回宿舍了，晚上可不要忘记了啊。"她们笑着，像一群麻雀一样叽叽喳喳地走进了雨中。

看着她们在雨中的背影，我忽然觉得下点雨，也不错。

找回我们的快乐

◇ 赵晓英

我到走廊上放松一下疲劳的眼睛。这时，从五（4）班的教室里传来一阵喧哗声。我走过去，发现有十几个孩子在吵闹。

"还有其他同学呢？""都上公开课去了。"我突然想起上级组织的语文优课竞赛正在我校举行。"你们怎么没去呢？"教室里一阵沉默。"你们为什么不去？"我提高了嗓门。"我们是被老师选下来的。"这时，从角落里传来一个细细的声音。虽然声音很小，但分明夹杂着委屈，而且是带着哭腔的。

我的神经仿佛被尖锥猛刺一下，一股强烈的自责涌上心头。我们常常高呼"善待孩子、呵护童心"，实际上我们是怎样做的呢？我们似乎从未去仔细思考，当我们在班上精挑细选"优等生"时，几乎摧垮了落下那部分孩子的全部自信。当我们对那些鼓足勇气才举起的小手不屑一顾时，已深深刺痛了他们幼小的心灵。同时，也抹杀了我们在孩子心中的全部美丽。

望着他们脸上或是沮丧，或是愤怒，或是失望，还有无所谓的表情，我的脑海中钻出一个声音。如果你是一个好老师的话，你应该让孩子的心里快乐起来，积极引导他们，拥有一个健康进取的心态。此时，我陡生一个强烈的愿望，我得帮他们找回失落的快乐。

我突然大声说："孩子们，由于场地的限制，上公开课我们不可能人人都去。他们有他们的精神，我们有我们的乐趣，我们一起找回我们的快乐，好吗？"我拿出刚领到手的自然第十册学具，对同学们说："我们刚学过电热这一课，一起来组装电热切割机吧。"同学们拿起我发给他们的学具袋，从里面找出组装材料：小螺钉、金属丝、电池夹、开关……认真研究起来。我也拿出一组材料，仔细查看说明书，刚摸清头绪正准备动手。

"老师，我已组装好了。"我抬头一看，是平时比较顽皮的林飞同学。看着林飞右手上这台小巧别致的切割机，我有点不敢相信自己的眼睛："这是你组装的吗？它上面要安装十多个小螺丝呢。""老师，你看，我还用它切割出一只大公鸡。"林飞左手又亮出一只栩栩如生的雄鸡，那雄鸡像展翅欲飞，又像在引吭高鸣。我一时不知说什么，只是连连点头："嗯，真好，真好！"

"老师，我也做好了。""我割出了一只蝴蝶。""老师，王波切的猴拉车跟真的一样。"

最后，我找来一块黄色蜡光纸蒙面的板，请同学们将自己的作品贴在上面，并写上自己的名字。我在中间的空白处写下几个大字："我们用双手创造快乐。"同学们似乎也忘记了刚才的不快，都欢呼雀跃起来。

看着他们快乐的样子，望着这块精美的展板，捧着这份意外的收获，我内心洋溢着喜悦与激动。这些孩子，虽然他们有些调皮，但他们思维活跃；虽然他们上课思想开小差，但他们心灵手巧；有的虽然不善表达，但想象奇特……这让我想起一位哲人说的话："每个人的禀赋和才能都是相当的，只不过有的表现在文学方面，有的表现在逻辑推理上，有的表现在自然科学方面……"我突然想把这段话送给这些孩子们，我郑重地把它念了一遍，并加上一句话："在我眼里，你们都是最棒的。"

我的话音刚落，教室里响起了热烈的掌声。在掌声中，我看见孩子们眼里闪着晶莹的泪花。

将微笑进行到底

◇ 韩保席

据报载：美国俄亥俄州有家工厂，连续两年亏损。新厂长丹尼尔上任后，随即就在工厂的醒目处都贴出大幅标语："如果你看到一个人没有笑容，请你把笑容分给他"；丹尼尔还把厂徽更改成一张笑脸；他自己总是满面春风地和人打招呼。在他的笑容管理下，工厂三年未增任何投资，生产效率却提高了80%，在全美声名大振。《华尔街日报》称之为"纯威士忌——柔情口号和充满微笑的混合物。"由此看来微笑确实是一件管理的神奇武器，它同样适用于班级管理中。

柯蓝曾经说过："长久的微笑能使人年轻"。微笑可以使老师保持一颗年轻的心，可以和自己的学生拉近距离，这样就能走进学生，到他们中去，仔细地观察与分析他们的身心发展、兴趣爱好、思维能力、思想状况，深入地去体味他们学习与生活，了解他们的需求、他们的理想和他们面临的困难。只有微笑着的老师，才能做学生心灵上的朋友，一块儿确定今后努力的目标，一起为实现既定的目标而共同奋斗，与他们共同分担失败的苦涩和共享成功的喜悦。

老师的微笑可以感染学生，让学生也微笑起来，使整个班级形成良好的氛围。老师对学生的影响不仅仅表现在学识方面，更重要的是在人格方面，只有以个性才能养成个性。老师的微笑，是班级情感的源泉，这种情感流动一旦形成良性循环，学生的人格品质就会不断地上升，一个和谐的、积极的、充满活力的班风就会形成。这不仅有利于我们的教育和教学，也有利于学生的健康成长、成才。

微笑意味着勇敢，我们的学生学会了微笑，便有了面对挫折时百折不挠的勇气。有了这种勇气，不论是在学校，还是在未来的生活中，他们都会永不消沉，从而能够战胜困难，走向成功。此外，微笑还是走向社会的通行证。前苏联一位心理学家认为："会不会笑是衡量一个人能否适应社会环境的特殊尺度"，还有人认为微笑是世界的通用货币，有了微笑便可走向世界。因此从某种意义上说，一个微笑的老师，教学生学会了微笑，便等于教给学生一种生存的本领，送给他们一张走进社会大门的门票。

微笑可以表示爱心，是转化后进生的金钥匙。在每个后进生不良表现的背后是深深的自卑、极其脆弱的感情或是受伤的心灵，他们需要的不是面对老师的冷漠面孔，不是大声的指责，更不是无情的嘲笑与打骂，而是老师的爱心与微笑。面对后进生，老师的微笑便如一双慈母的手，拂去他们心头的伤痛；老师的微笑是一种治愈精神创伤的良药，让后进生开始一个健康的人生；老师的微笑是一面旗帜，可以让后进生鼓起勇气、扬起理想风帆……

将微笑进行到底，也许并不那么容易。因为我们的学生还不够成熟，还不太懂事，会犯这样或那样的错误，但我们要相信微笑还是一种巨大力量，它远胜过于狂风暴雨似的训斥。当学生乱丢垃圾时，老师的微微一笑，会使学生难为情地重新拣起来，扔回垃圾桶；当有的学生自修课讲话或做其他事情时，一个微笑的眼神递过去，他们会会心地拿起书本，迅速地回到学习中去；当有的学生为隐瞒自己的错误而撒谎时，老师的微笑会让他们乖乖地承认错误……

微笑无须付出什么，但能产生很多好处。老师的微笑发生于转瞬间，但却永远存在学生记忆中。也许就是不经意间流露出的一点儿微笑，却改变一个学生的心态，给了他精神上以莫大的鼓舞和力量，从此他们便走上了成功之路。老师们，将微笑进行到底吧！

怀念"板书"

◇ 牧野青青

板书，是一个极具行业特征的专用词语。作为动词讲，是指在黑板上写字；作为名词理解，则指写在黑板上的字。设计合理、详略得当、书写工整的板书是教学过程中一道美丽的风景线，不仅可以帮助学生很好地理解、把握住学习中的重点、难点，更有利于培养他们良好的思维习惯和学习态度。

曾经有幸到过好几位特级教师的课堂教学现场，我被他们设计精巧、布局合理、堪称典范的板书所折服。于永正老师板演的与字帖上的字不相上下的课题，贾志敏老师为一年级小朋友一笔一画范写的生字，薛法根老师即时书写的飘逸、俊秀的古诗文……尽管已经过了好多年，在记忆中却仍旧那么清晰、深刻。

粉笔，曾经是教师日常工作中的必需品。一支小小的粉笔，在方寸间任意驰骋。随着教学情境的展开，随着教学内容的扩展，教师们或者一边讲解、一边在黑板上书写一些重要的点滴，或者一边聆听学生的意见，一边即时写下他们的观点与发现。在师生思维的相互激发中，黑板呈现出了丰富的表情，有热烈的讨论、有争议的焦点、有平静的阐述、有恍然大悟的结论……抬头一看，一节课的精华便浓缩在一些提纲挈领的要点和纲举目张的框架之中了。学生，便在这样的过程中理解了原来看起来那么复杂的新问题，知识和技能在这样的过程中渐渐得到了提高和发展。

板书，是展示教师和学生思维过程的一幅画，怎么想、怎么做一目了然，让学生在学习过程中既获取知识，更掌握思考和学习的方法；板书，是书写教学目标的一张表，一堂课教学的精华与重点一览无遗，让学生能够朝着正确的方向前进；板书，是在学生原有的知识经验和教学目标之间架起的一座桥，连着熟悉的已知和充满疑问的未知，让他们顺利、轻松地从这头走到通向更高层次的那头；板书，是师生智慧与心灵沟通的一块田，思维的火花和生活的激情在这里绽放，师生双方在相互激发中共同提高、成长。

随着科学技术的不断发展，传统的课堂教学正悄悄地改变。走进课堂，特别是一些观摩教学的现场。我们可以发现"粉笔"正在逐渐淡出历史的舞台。执教者或在讲台前轻松地点击电脑鼠标，或有条不紊地张贴事先准备好的纸条，一切均在把握之中，显得那么从容、沉着。一节课结束，教师根本没有接触过一下粉笔，黑板上也不曾留下一点点书写的痕迹。不可否认，构思巧妙的课件中既有色彩美丽的画面、和谐悦耳的音乐，又有动态展示教学难点的细节，既化解了教学的难点，又提高了教学的效益。鼠标代替了粉笔，多彩的屏幕代替了严肃的黑板，这或许是一个值得高兴的现象，说明先进的多媒体技术正逐步走进课堂，教师的教学观念正在不断改变，教学技能正在不断提高，而站在另外一个角度思考，我却不由得怀念起"板书"来了。

教学是一个互动的过程，课堂是生成的。课前设计的课件、事前预先准备的粘贴纸条固然可以节约课上大量宝贵的板书时间，可那毕竟只是教师的个人思维过程。课堂上随着教学情境的展开而产生的丰富的生成性的内容，往往是没有办法及时进入课件和粘贴的纸条的。在一些课堂上，我们不难看到，有些老师为了让学生得出预设的所谓的标准答案，往往会兜着圈子把学生往一条路引、往一个个预先挖好的"坑"里跳。这样既束缚了学生的思维，又浪费了宝贵的教学时间，所得与所失该如何计算？

怀念"板书"，怀念那一支支粉笔在黑板上的灵动飞舞，教师和学生的生命在这里得到展现。

怀念"板书"，怀念那一种亲切、和谐的人与人直接面对的现场感觉，相互激发的思维火花在这里绽放。

怀念"板书"，怀念教师们别具风格的字迹和书写习惯，虽然它们可能没有电脑里的字体那么规范、漂亮，可因为有了热情的投入和个性的张扬而更加令人难忘。

怀念"板书",怀念那一种温馨的课堂氛围,怀念那一份静静的心灵等待,怀念那一次甜甜的生命交汇。

你是幸福的,我就是快乐的

◇ 陈春华

我是一名中学教师,但我更像是一艘快乐的小船,不断地来往于希望与成功之间。起航时,希望涨满了风帆;归航时,成功装满了船舱。有希望是幸福的,有成功是喜悦的,所以我实际上是不断地穿梭于幸福与喜悦之间。

我是一名中学语文教师,我为学生感受了语文的诗意而快乐。"语文是炫目的先秦繁星,是皎洁的汉宫秋月;是珠落玉盘的琵琶,是高山流水的琴瑟……"我引导学生行走在诗意的语文教学中,我与学生进行心与心的交流,情与情的碰撞。我用我的激情让学生体验学习语文的愉悦,我用我的想象给学生安插快乐的翅膀。和名著拥抱,同大师对话,在跟人类崇高的精神交流中体验生命的快乐。

我是一名中学语文教师,我为学生得到了精神的升华而快乐。我用充满诗意的语文引导学生走入艺术的审美境界,从普罗米修斯式的崇高人格到浮士德式的进取精神;从简·爱的生命意志到安娜的人生追求;从屈原的坚贞不屈到堂吉诃德的执著不渝;从高尔基的雨中海燕到郭沫若的火中凤凰。我用充满人文的语文净化学生的心灵,从"天行健,君子以自强不息"的刚健有为到"发愤忘食,乐以忘忧,不知老之将至"的安贫乐道;从"穷则独善其身,达则兼善天下"的修己安人到"安得广厦千万间,大庇天下寒士俱欢颜"的博爱胸襟;从"富贵不能淫,贫贱不能移,威武不能屈"的丈夫气节到"天下兴亡,匹夫有责"的爱国情怀。我用我的语文课堂让学生在语文学习中得到了心灵的净化和精神的升华。

我是一名中学班主任,我为感受着师生间的真诚而快乐。从与学生相识的那天起，我们的心就紧紧地拥抱在一起。在运动场上，我与学生一起上阵拼搏，在一次次的合作中，我们建立了信任和友谊；在联欢会上，我与学生联袂演出，在彼此鼓励的掌声中，我们的心逐渐地贴近；在班会课上，我们一起研究班级的建设问题，本着班务自理的原则，增强了学生的责任心，也提高了学生的积极性。不论是课内还是课外，我们都用真诚的心在交往。学生感受到了我的真诚而喜欢我，我感受到了学生的真诚而快乐！

我与我的学生朝夕相处，一路欢歌；我与我的学生同舟共济，共享阳光。我按着他们前进的方向掌稳了舵，即使在黑暗的夜里我也不会迷失方向。

"你是幸福的，我就是快乐的；为你付出的，再多我也值得。与你是同路的，我就是幸运的……"

清晨，我在绚烂的朝霞里与学生一路同行；傍晚，我在满天的星光里高歌返航。明天，我将继续我的幸福的起航……

激情飞扬的日子

◇ 李德乾

十几年前，十八岁的我，带着一颗对未来充满崇敬的心，带着对困难一点也不屈服的性情，带着改旧换新的教育理想，带着山里孩子的质朴与实在，带着一卷相伴了三年的铺盖，随着涓涓小河的哗哗水声，随着鸣蝉叫声里热辣辣的阳光，随着峰回路转坑坑洼洼的乡间简易小路，来到一所农村中学任教。宿舍是五十年代的旧房，阴暗、低矮、潮湿。生活除却中午所谓的食堂里有人做饭外，其他时间自己动手丰衣足食。教学条件是破旧的办公桌，露出原木本色，抽屉拉出就推不进；破旧的板凳，吱吱呀呀地歌唱着，一不小心就咬屁股一口；实验室、图书室、阅览室是心中想象应有的场所；教学资料就是教科书和参考书。

这些阻挡不了一个充满梦想、充满激情、时时想飞翔的心灵对美好未来的憧憬。做就做个最好，做就做个最优。每次走上讲台，决心给学生实惠、给学生惊奇、给学生惊喜：擂台赛——分组互相提问题，表演——根据课文情景进行演出，出题——互相出试题考察对手，演讲——每节课五分钟或自由、或规定题目，绘画——根据课文画画或诗配画或画配诗等等，学生感到新奇，感到兴奋，感到压力。每个学习小组中每个人都不能偷懒，否则，失分会招致组员的不满，个人荣誉的损失。每个人都要互相帮助，否则，集体就会失去竞争力。我所教的班级，学生们都有自豪感，因为他们的课堂不是天天重复着背诵生字、生词、段落大意、中心思想，还因为每个人都有让他人红眼的闪光点：或是能说会道，或是能演会跳，或是能写能画，或是……

订阅的报刊丰富多彩，通过各种途径借阅图书，别班同学时常表露出羡慕的神情。还有，春天来了，淄河滩鹅黄的柳枝唤醒沉睡的童年梦想，旷野里飘荡着一只只带有青春梦幻、童年纯真、少年顽皮的风筝；夏季里幽幽的松林间，五人一组，忘情地讲述着齐桓公称霸、管仲拜相、晏子使楚、田忌赛马的齐文化故事，泼辣大胆的、羞涩胆小的、激情澎湃的、平和柔顺的，讲着、笑着、唱着、跳着；秋季里，蓝莹莹的天空，五彩斑斓的大地，心情舒畅地到牛山采摘松子、采酸枣、捕蚂蚱、挖野菜；冬季里，白雪皑皑，爬雪山、打雪仗、堆雪人，没有人瑟缩，只有豪情万丈。家长说，腼腆的孩子在李老师的班里活泼了，不善说话的孩子，回家能够讲班里的新见闻，天天有话说。

为了贫寒的孩子能够完成学业，春季的星期天里，到山上采茵陈，同学们都熟悉了"三月茵陈四月蒿"的医道；秋季星期天里在牛山上与驻军磨破嘴皮，采集松子；到淄河滩里筛沙，到砖厂搬砖，到村里收酒瓶，收集废纸。看到完成学校勤工俭学的任务，看到辛苦换来同学能够继续上学，我的身体累累的，心里乐乐的。

和毕业的学生交流的时候，学生们不能忘记的还有：在和畅亮丽的春天里，骑车四十里，到古镇青州，在云门山上欣赏人不如寸高的大寿字，在驼山上揣摩玩味佛龛里大大小小神态各异、或圆润飘逸、或质朴笨拙的佛像。沿着顺河街踏寻范仲淹"先天下之忧而忧，后天下之乐而乐"的忧国忧民的情怀，探听李清照"生当为人杰，死亦为鬼雄"的雄壮人格。闲暇时节，和学生在古齐国的大地上搜寻车辚辚、马萧萧的古车马的痕迹，探求古城排水道口的科学原理，找寻贾思勰在高阳郡城著述《齐民要术》的灵感。

在那激情飞扬的日子里，我们欢笑、我们欢歌、我们欢畅。宽松的管理环境，良好的人际关系氛围，互助的工作关系，我和我的学生们幸福地成长。学生们的作文获奖了，是学校历史上的第一次；学生们的作品发表了，是学校历史上的第一次；因为学生在全国作文大赛中获奖人数多，学校获得集体优胜奖，是学校历史上的第一次，也是全镇所有学校历史上的第一次；学生们的成绩总是全镇第一，全区前列，是学校历史上的第一次……一年教师节庆祝大会，镇党委书记总结教育成绩时讲到的三个史无前例，我占了一个。十几年的教学生涯，十几年的教学激情，从一位普通老师，到走上学校领导的岗位，到被教育局长亲点，竞争教研员岗位，再到区教育局工作，一步步的发展，一步步的进取心中有的只是自己高兴、学生愿意、家长愿意、对学生负责、对社会负责。或许不去计较个人得失，或许不去太刻意的发展自己，或许永远充满梦想，充满工作地激情，才是发展自己的最好办法。

请别让孩子"心太累"

◇ 丁丁冬冬

本月 11 日，市日报刊发了由记者何俊采写的一篇短文《生病是我的最爱》，说的是某小学有一位学生在周记中写道："我喜欢生病，生病是我的最爱。因为生病了，全家人就会像侍候小皇帝一样侍候我了。那时候，我就像当了小神仙一样。不，应该比小神仙还舒服。"该学生的一段肺腑之言，道出了其喜欢生病的心声。喜欢生病的独白，折射的确实是一个沉重的社会话题。为此，《张家港日报》开设了"大家谈"专栏，学生、家长、教师对此问题进行了较深入的讨论，大家畅所欲言，字里行间均充溢着对教育的关切之情和强烈的社会责任意识。

其实，作为一名教育工作者，在我看来，在"生病是我的最爱"的背后，最值得思量的固然有教育政策、教育体制等方面的原因，而所有这些原因，九九归一恐怕最主要的是教育环境方面的问题，尤其是与家庭教育存在着密切的关系。为什么素质教育难于更深入地推进，其最大的阻碍来自于家长、社会视界中片面的、狭隘的亲情观、人才观和质量观，以至于"分数就是质量"、"分数就是水平"这一意识至今在家长的脑海中依然挥之不去，抹之不掉，因而向学校要分数，向孩子要分数。

相比于一二十年前的孩子，今天的孩子无疑是幸福的。那时候，家长文化素养普遍不高，孩子们的童年往往是在"傻"玩、"疯"玩中度过的，女孩子一个自制的小沙袋可以玩上几年，滚铁环、捏泥巴往往是男孩子童年的寄托。孩子在童年时期虽然并没有学习多少知识和技能，但快乐却在一生中刻下烙印，这样的童年至今想起来还会让人在梦里笑出声来。

今天的孩子呢？他们在物质上能得到满足，也仅有物质的满足，家长与孩子鲜有心灵的融会和沟通，但孩子却承载了父母太多的希冀，呱呱坠地时就定下了考大学的目标，以至于几个月的婴儿学识字，牙牙学语的娃娃学英语。孩子们与生俱来的长期的不堪重负，使得我们今天很难从孩子的脸上看到属于童年的纯真的笑容。难怪学生会道出"生病是我的最爱"的心声，这就是我们家长想给的吗？

在家长无暇顾及孩子、忙于工作、日复一日地抱怨"心太累"的时候，这种成人病已降临孩子。据心理学家的研究表明：教育的不当，尤其是家庭教育的不当导致少年儿童产生心理问题的例子太多了。巨大的学业负担、心理压力、少得可怜的亲情沟通给孩子的成长过程蒙上了一层阴影。

请别让孩子"心太累"，我们的学校应在深化教改的进程中把学生的负担减下来；我们的家长，应在努力走进孩子内心世界的同时，别固执地认为只有分数、只有上个好大学才是孩子的唯一选择，要知道，成长的路有千万条；我们的社会，为教育营造的环境请宽松些、再宽松些。唯其如此，我们的教育才能还我们的孩子一个健康快乐的童年。

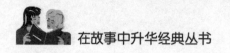

比裙子更美丽的……

◇ 王凤林

　　六月将半，酷暑难当，室内无风，电扇繁忙。男生赤臂，女着裙装，师生汗流浃背，教室大开门窗。在此盛夏之时，9 班出现怪现象：女不着裙，一概绿裤长长。班主任洪老师大惑不解，说谁谁不听，劝解无方！

　　师生议论，蜚短流长，惊动一校之长："为了培养文明礼仪，学校统一订做套装。贵班风气纯正，堪称全校榜样。校服一事，不可小看，学生若不喜欢，可换别样。天气炎热，要注意学生身体健康……"

　　校长姓马，慈爱心肠。她以女性特有的温柔体贴，赢得了学生、家长和社会的普遍赞扬。她一向正统，很少穿时装，今天却穿了一件齐膝的深红色褶裙。这么热的天气，为了说服学生，她改变了自己的着装习惯。

　　洪老师敬重马校长，因为校长曾经是他的老师，他对校长的指示从来都是认真执行。但对此事，他觉得，校长未免有点小题大做。尽管他答应得痛快，但实际上并没有深入去了解情况。他对自己的班级很放心，因为这个班曾经是一个全校出了名的乱班，万般无奈，中途换"将"，马校长才点了他的将。他花费了一年多的心血，终于将这个班挽救过来，并逐渐成为全校的榜样。现在的班级，班风正，学风浓，师生友爱，团结向上，任课老师满意，马校长多次公开表扬。这样一个班集体，女生穿不穿裙子，不值得这样兴师动众！

　　教室里，风扇嗡嗡，门窗大开。地面是热的，墙壁是热的，室内的空气也是热的。饮水机上的水桶，换了一桶又一桶，地面上降温的凉水，洒了一次又一次。无论老师还是学生，无论男生还是女生，个个汗流浃背。男生们热得不顾学校的禁令，光起了臂膀，女生们则用书本当扇子，不住地扇着脸庞。

过了一周，有家长打来电话，质问校长："女孩子不让穿裙子，真是荒唐！"

校长召见洪老师，既是商量，也是指示："限期做好工作，及时答复家长。"

校长的多次过问，家长的强烈质询，使洪老师坐不住了，心里忐忑不安起来。他决心把此事调查清楚，给校长和家长一个交代。

自习课上，他找来了女生班长赵芳。他先表扬了女生在内务比赛中取得了第一的好成绩，又说女生在"红五月"歌舞比赛中拿了大奖，还说女生在班级纪律上具有影响男生的力量，最后才切入主题："咱班的女生做什么事都叫我放心，但最近有一件事，实在让我费解……"

"什么事？"赵芳眨着那双聪慧的大眼睛，有点装模作样。

"你看，这么热的天儿，别的班女生都穿裙子，我们班的女生怎么都是绿裤长长？"

"就这事啊。怎么，违反校规了吗？学校规定统一着装，并没有规定必须穿裙子！我们都穿长裤也是统一呀。"

"虽然没有违反校规，却有家长指责管理不当。马校长亲自过问，我实在难以搪塞。"

"他们也太小题大做了！我们连这点自由都没有吗？"

"这倒不是。我只想了解你们为什么不穿裙子。至于今后穿不穿，那是你们的自由。"

"既然没有违反校规，又没给班级造成坏的影响，这事您就不必操心了。咱班女生这点隐私权还是应该受到保护的。"

洪老师明白了，不穿裙子的事，赵芳一定是知情者或策划者，所以，很难从她这里打开缺口。他挥挥手，让她回班级去了。赵芳这个班长，学习好、人品正、敢作敢当，在学生中有一定影响。看来，这事不会有什么不可告人的目的和不好的后果，洪老师心里稍稍坦然一些。

既然不穿裙子没有什么坏的后果，调查又有什么意义呢？洪老师向马校长做了汇报，意思是暂时放一放。马校长却说："越是不说，后果越难以预料。独生子女群体问题多多，不能马虎大意，调查应抓紧。"

晚自习时，洪老师把班里最老实、最听话的女生董莹找到办公室，谈了一会家常，便轻轻地问："董莹，咱学校订做的裙子不好看吗？"

"好看。"董莹低着头，没敢看老师。

"好看为什么不穿呢？"

"老师，您别问了，我是不会告诉您的。"

任凭他怎么启发，小董莹就是一言不发。没办法，他只好放董莹回教室自习。

唉，怪了。洪老师开始怀疑起自己在学生中的地位和影响力来。他一跺脚：我就不信，女生对我守口如瓶，男生总不会这样。于是，他又找来了体育委员于龙。这次，他单刀直入：

"于龙，你有没有听说咱们班的女同学为什么都不穿裙子？"

"不知道。刚开始，有几个穿的，后来不知道为什么都不穿了。"

"男生背后是怎么议论的？"

"唉，都说是女生脑袋出了问题，冷热不分。"

"谁问过她们？"

"谁敢问哪。谁问谁遭殃，群起而攻之。"

洪老师又找了几个男女同学分别了解情况，但都一无所获，他一筹莫展。

洪老师调查女生不穿裙子的问题，在班级里引起了骚动。男生议论纷纷，女生则背地里聚在一起喊喊喳喳。

后转来的女生闻秀有些沉不住气，眼含着泪说："要不，我去找洪老师实说了吧。大家都为了我好，却让洪老师为难，我心里过意不去。"

"这不行，难道我们的罪就白受了？再说了，班主任能为我们保密吗？"

"我看，反正也不是什么错误，瞒到底算了。"

"可能瞒不过去，你看班主任这几天的脸色，还不得急出病来。"

"可以告诉他，让他替我们保密。"

"不行。没准他在忘乎所以的时候就会给泄露出去。再说，马校长追得这么紧，他能不跟马校长说吗。一旦让马校长知道，那又得在全校大会表扬，小会赞赏，弄得全校人人皆知，我们不就是好心做了坏事吗。"

"是啊，那样的话，闻秀同学就没面子了，还怎么在学校念下去呀。"

大家看法不同，争论不休。还是赵芳一锤定音："有些人也真是的，总爱窥探别人的隐私。我看，还是继续保守秘密。我们遭点热罪，让班主任遭点莫名其妙的罪。快毕业了，让他今后也好想着我们！"

于是，班主任仍然不敢去面见马校长。

忽然一天晚上，他接到闻秀母亲打来的电话，电话中道出了全班女生不穿裙子的秘密：原来，闻秀几年前因病双腿做植皮手术失败，落下了大面积的难消的疤痕，从上初中起，夏季都不能穿裙子。随着年龄的增长，她越来越怕别人看见她的腿。偏偏现在的学校都要求统一着装，尽管老师同意她穿长裤，但却是"此地无银三百两"，用不了几天，学生都知道闻秀是个疤痕腿。为此，闻秀才转了学。只有到了这所学校，在她这个班级里，闻秀才受到了所有女生的保护。闻秀的母亲千恩万谢，对学校、对班级、对老师、对所有的同学，特别是对全班的女同学，感激不尽。闻秀也是一个很懂事的孩子，她怕因为自己的事，让老师受委屈，在同学们想不出更好的办法的时候，便只好求助自己的母亲。

洪老师终于松了一口气，但又为难起来，既然女生们这样为闻秀严守秘密，自己怎么向马校长汇报呢？忽然，他来了灵感，何不发挥自己的特长，写一首诗，委婉而含蓄地向马校长表达出本班女生美丽的心灵？

他打开电脑，一首饱含真情的小诗飞上屏幕：

美丽的长裤

长裤比裙子更美丽，

那是因为它代表了一个集体。

牺牲的是凉爽，

换来的是尊重和笑意；

失去的是美丽，

得到的是真情和友谊。

不必探寻，

也不必为此心悸，

就让这美丽的花朵，

永远开在孩子们的心里！

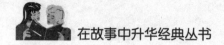

马校长收到这首小诗，脸上露出了满意的笑容……

用关爱的阳光照亮孩子的心

◇ 徐爱枝

一、引　子

黄琛是外省来的孩子，刚到学校时，他的妈妈一离开，他就往教室外跑，有两次我们都没追上他。他浑身透出一股倔强劲，因为担心他的安全，学校同意他的妈妈暂时陪读。那几天，我们在教室里上课，他妈妈就坐在走廊上等候，他上课时常低头玩自己的手、笔之类的东西，不喜欢听讲，还不时往外看看，发现妈妈在窗外就比较安心，一下课赶紧跑过去，拉着妈妈一起看墙壁上的画，看从家里带来的图片。

二、调查访问，深入了解

一般来说，一年级的学生上学最积极，我想这孩子不会无缘无故地不喜欢上学，下课了我拉着他的手问："今天想上学吗?"他很干脆地说："不想，妈妈买了变形金刚给我，我才来的。""为什么不想呢?"我继续问。他说："我就想回老家。"再问就跑出了教室，不搭理了。

我想还应该进一步了解他家庭的情况，于是把他的妈妈请到办公室。原来这孩子自出生两个月后，就是爷爷、奶奶带着，今年因为要上小学才接他过来。这之前，一直住在遥远的农村，没有进过学堂，跟爸爸、妈妈的相处也是刚刚开始，来到学校，谁也不认识，没有朋友，很孤独，很害怕，所以他不想上学，天天闹着要回老家去。为此，他爸爸没少打他，他妈妈也非常苦恼。

三、寻找对策，跟踪关注

（一）激起上学的强烈愿望

一个学生如果连学校都不想上了，其他一切教育的实施可以说是多余的，无效的。怎样激起这孩子上学的强烈愿望呢？我采取了以下的方法。

参观学校。我让同学们排好队去参观学校，并把他排在靠近我的位置，为的是讲解时便于听明白。按路线参观了图书室、网络室、仪器室、实验室、大操场、升旗台等地方，让他亲眼看看学校的设施，了解各地方的作用，感受到我们的学校真是一个学习的好地方，这是我的目标。参观后我特别问他最喜欢学校的什么，他说："我喜欢那些电脑。""那老师以后带你们去电脑室上课！"我非常肯定地说。他认真、兴奋地点点头，说："我哥哥学校里没有电脑。"他哥哥在老家上学，看来他开始对学校有点感兴趣了。

游戏。我利用下课十分钟、二十分钟的时间，组织几个同学做做猜谜语、瞎子摸鱼、老鹰抓小鸡等游戏，通过游戏让他和同学们熟悉起来，融洽起来，有时还把下课做游戏当作对他积极上学的奖励。在游戏中，他是快乐的、开心的。

图案报喜。我用漂亮的纸做成了许多小图案，有动物、红花、红旗等等，我告诉大家这些小图案象征着进步、光荣、美德，体现了学校、老师对你们的关怀、期望，学生非常喜欢。开始几天，只要他来了，而且让妈妈回去不在学校陪着，就奖他一个小动物图案什么的。那些小小的图案对他非常有吸引力，得到时的那股兴奋、喜悦、自豪真是无法形容，然后让他把小图案拿回家去报喜。家长自是一番鼓励，他也欢天喜地。

交朋友。召开了一次主题班会，在班会上，我对同学们说："黄琛的家乡在浙江，离我们这儿很远很远，与他一起玩的小伙伴都在老家，现在他到我们这儿来，很孤独，非常想回老家去上学，可是爸爸、妈妈又在这儿工作，同学们想想该怎么办？"同学们纷纷发言，有的说："我和你做朋友，下课了我们一块玩儿。"有的说："星期天我给你打电话，也可以叫我妈妈接你到我家来玩。"有的说："你要有什么困难，说出来，我们帮助你。"然后我对他说："听了大家的话，你有什么新想法吗？"他高兴地站起来说："我不回老家了，我要和大家做朋友。"

当他不再跑向回家的路，当他不再说要回老家上学，我想我的教育已走在成功的起跑线上。在班会上我郑重地把一张填有"你真是一个热爱学校的好孩子！"的文明积累卡奖给了他，在同学们的掌声中，他明亮的眼睛里透出

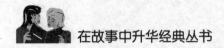

的惊喜、自豪无法形容。后来有一次，他和我一同坐车，煞有介事地对我说："老师，我以后就做个麻城人吧！不过有点困难的是我不会说麻城话，只会讲普通话。"教育的目的倒不是要叫他做哪儿的人，但从那天真的话语中可看出他已经对我们的学校，对我们的城市有感情了。

（二）扶起心灵的自信之树

这孩子开学这么一折腾就是两周时间，心处在游移状态，人基本上是坐在教室里旷课，拼音学过后大多数不认识。每当老师指名读时，他把头低着，显然是怕点到了他，下课了也闷闷不乐，畏难、自卑情绪产生了。我告诫自己可不要对这些现象视而不见，要尽快帮他补上拼音这一课，成绩上来了，自信心自然也就树立起来了，而自信心的增强又促使他向更高目标迈进，产生克服困难的动力，其结果可能会使人因此受益终生。

当好"帮助人"。我把他的座位调到靠前的位置，当他上课开小差时，我就悄悄地走近他，给他暗示，提示他认真听课，发现他学得较好的内容就给他回答问题的机会，让他展示自己的"学习成果"，激发他大胆发言的积极性。放学后或是早上来校的时间，就给他补上以前没学好的内容。经过一段时间的补习，基本能跟上大家学习的步伐。

我们手拉手

◇ 石艳华

我教四年级语文，两个班的学生，共九十二人。每当我拿着上作文课用的竹编笼走进教室时，孩子们必然都聚拢来看。有时咧嘴而笑："哈哈，小龟。"有时吐吐舌头："乖乖，蜜蜂。"有时又抓抓头发："哎哟，鳝鱼。"这是一群快乐而单纯的小蚂蚁，他们晃动着美丽的触角，在我平凡的世界里舞蹈。

孩子们每周都写周记。一次，父亲随手翻开我桌上的一本来看。突然，他抬头问："你一直都在忽视这小家伙的问候吗？"我接过那本薄薄的本子，这是个男生的周记，成绩不太好，字迹细小而歪斜，对于这样的作业，我常是画个勾，注上日期就草草了事。

"石老师，今天的阳光真好，我喜欢极了，你呢？"

"石老师，你最近不开心吗？把它告诉我，也许我能帮你。"

"石老师，你今天表扬我了，我真高兴。你会像喜欢高原原那样喜欢我吗？"

看着每篇周记末这些短短的而我却一直未注意到的文字，我惊诧而感动。父亲笑道："女儿，你可真该关心照顾好那些比你更小的家伙呦。"我想是的。

班上有个叫青的孩子，总是听写不出学过的字词来，往往是抄写数次后仍不见长进，一气之下我在班上说："我不管你了！"

晚上我接到一个电话，一个女生说："石老师，我是戎小萍。""有事吗？"我想不出这个长相甜美如卡通娃娃的孩子找我的目的。

"今天我很生气。"她吸了口气，继续说道，"你对我们说过，世界上最宽广的是海洋，比海洋更宽广的是天空，比天空更宽广的是人的心灵，对吗？""嗯。"

"我们都是那么的喜欢你，可是你却一点也不体贴青，她家很穷，自己身体又弱，读书很不容易了。她学习不好，你可以批评她，却不能不管她，这样太残忍了。"如电击般，我良久无语。

"石老师，"孩子小心翼翼地问，"你生气了，是吗？""没有。"我答道，"老师只是在想你说的话。"

第二天上课，我有意叫青来做黑板上的练习，借机大大把她表扬了一番——她的字工整流畅，是班上很多孩子所不及的。孩子们都为青鼓掌，我看见了青涨红的脸和戎小萍微笑的眼睛。

学校安排我上一节示范课，供外校教师观摩交流。上课时，孩子们配合得非常好，示范课得到了极高的评价。很多老师都交口称赞："这些学生真不错！"我高兴地跑进教室，把这些赞扬告诉班上的孩子，他们兴奋得尖叫，另一个班的孩子也跑来向我祝贺。

我拿起粉笔在黑板上写了一个大大的"人"，孩子们忙抢着说："石老师，这个字你告诉过我们。"一个孩子指着"人"字说："上面是头，中间是身子，下面是脚。""还有，还有。"一个孩子跳着喊，"头上是天，脚下是地，

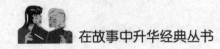
一个人只有脚踏实地才能顶天立地！"

我笑了，说："今天这个'人'是石老师。"我又在旁边写了一个小小的"人"，黑板上出现了一个"从"。大家都笑了，瘦瘦的波波说："这个是我，石老师和我手拉手。"

"那我呢？"还有我呢？"孩子们雀跃着拿着粉笔往下画"人"字，黑板上出现了一长串的"人人人……"

我的心在颤抖：孩子，我们手拉手，一起朝前走！

让梦想在教育的天空中飞翔

◇ 李正琼

经历了春的辛勤耕耘，夏的精心呵护，学校迎来了秋天的累累硕果。新校如期竣工，远远望去，新颖别致的现代化教学大楼在虞山北麓昂首矗立，校园中的亮点——钟鼓楼每天准点报时，"当当"之声敲响了谢桥人多少年的梦。老人们欣慰不已，年轻人惊喜万分，而我们中年人呢，才蓦然发现，原来人生的春天可以重来。于是，教师们上班的时间自觉提到 6：45 甚至 6：30，下班的时间却像橡皮筋一样向后拉长，大家都在和时间争着，赶着，抢着，好像浑身有使不完的劲。究竟是什么动力促使老师们如此敬业呢？除了优美、清新、舒适的校园环境为老师的生活工作提供了方便以外，我想，那就是发自于老师们心中的对教育事业的热爱，这份热爱，使他们一次又一次地、永不知疲倦地把梦想放飞在教育的天空中。

是啊，谁不渴望在自己梦想的天空中翱翔？而教育的天空，犹如金秋十月早晨的天空，永远只有淡淡的云，清清的风，永远只能停留某一座高山上，"望断南飞雁"，对学生们畅谈"不到长城非好汉"。这样的天空，虽然有"天高云淡"的超然情怀，但并不一定能得到很多人的青睐。毕竟红霞满天的天空能使人生增色，万里无云的天空能使人收获温暖。

但是我们既然选择了教育的天空，我们就同时也走进了秋天，我们懂得了精神和物质的取舍，我们对于自己的选择无怨无悔。做一名永远爱孩子的老师，在无数个清亮亮的早晨里，我们一万次对自己发誓。把自己无悔的生命根植在自己最爱的土地上，这本身就是一种崇高的幸福。在最美丽的事业中完成生命的求索，这本身就是伟岸的人生历程。

人非生而为师，可是为师后，却发现可以为师而生。人生的旅途，我们才走出一半，就敏感地觉察到了此路的辉煌灿烂。溶化在自己至爱的事业里，每一份努力，每一滴汗水，每一丝心血，每一股浓情，都会散发出迷人的芳香。我的天空虽然是低的，但只要能容下三两只燕子驮着我们的教育之梦飞翔，此生足矣。

"红烛"、"春蚕"等词仅仅从表面上描绘教师的奉献精神，其实教师更像一架梯子，无私地让别人从自己身上踏过，而自己永不能登上高峰欣赏无限风光。

只是我们甘愿做梯子，甘愿让学生们从我们身上踏过，登上知识的宝塔，摘取他们理想的桂冠，同时为祖国擎起风帆。只是我们喜欢这一职业，是因为能使自己即使在三尺讲台这样狭窄的空间里，也可以任意地驰骋，即使在社会上很多人不理解的情况下，也愿意捧出一颗童心。

但是我们能让师爱坚守多少年呢？许多爱在最初都是有激情的，它可以使人奋不顾身，正如年轻时的我们，有建功立业之心，有大显身手之志，时常胸怀大志，所以充满激情。而许多爱要持久是很难的，这让我十分钦敬那些步入黄昏之年仍然热情如初的人。也许他们已没有太多的前途可供展望，没有太多的时光可寄托梦想，越是如此，越能说明他们的投入真正是对这一职业的钟爱，发自本心的爱。爱，如果仅仅停留在口头上是不够的，只有把它落实在行动中，才能焕发出勃勃的生机。只有对工作更加用心尽心，才能把爱全方位地诠释，才能让梦想在教育的天空中飞得更高更远。

长大后，我就成了我

◇ 朱德民

中学时期，我有一位教书认真严谨、工作扎实的班主任老师。因为调皮，

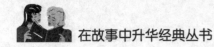

我曾受到过严厉批评，老师正告我："不要张扬，不要自以为是，不要满脑子奇思怪想，要听老师的话。"但我没有完全做到。若干年后，我和我的老师成了同行，后来又都从事教科研工作。一次，我们共同受聘培训新教师，老师又提醒我："要让新教师懂得虚心，学会谦恭，要使课堂有威严的气氛，要叫学生眼里有老师，不要脱离课本而生发，不要脱离教参而阐发。"我笑而未应。

我爱我师，但我更爱真理。

童年时期，我也像许多孩子一样，对教师有一种依赖和崇拜，然而随着个体意识的觉醒，逐渐学会用自己的目光打量周围的世界，用自己的头脑判断是非，有了自己的观点和发展设计。后来，我也成了一名教师，但却没有把自己复制成我的老师。

我常常回忆和评价人生路途上所遇到的每一位教师，回味他们的谈吐、气质、性情，反思他们教育方式的得与失，思索自己的职业定位。每一位老师都有自己的特色，智力结构、思维品质、性格志趣、价值尺度、教学追求都有不同，这些不同才成就了"这一个"教师。谁是我的崇拜对象呢，我有些茫然，只能这样说，我的许多老师身上所具有的闪光点，汇成了一束智慧的灵光，照彻了我的教育旅途，我按照自己的教育理想和信念，发挥自己的特长，走着自己的教育之路。

当前，我们不无焦虑地面对这样的现实：对个体的教育关怀远远不够，不少教师役使和驱赶着孩子按照成人的意愿发展，而忽略了马克思所谓"人类的特性恰恰就是自由自觉的活动"。

人必须认识到自身是一个自由的存在，自由对于人生何其重要！恩格斯曾经指出："文化上的每一个进步，都是迈向自由的一步。"有人提出教育即自由的观点，我想不无道理。

教育塑造平民化自由人格，培养有个性特色的人，教育让人逐渐走向完善。

教育是由教师的价值引导与学生的自主建构相统一的活动。价值引导要关注学生的内心世界，催生主体性人格的生成。学生的自主建构应立足学生成长内在动机的唤醒，潜在经验的激活和外部世界的形象感知，使学习活动自觉、主动、有效。否认价值引导就是否认教育，消解教师的作用。而忽视自主建构就是把学生当成物，而不是有自由意志的活生生的人。无论是价值引导还是自主建构都要基于人的本质特性，教育是培养而不是制造。

"人啊，要认识你自己"是古希腊德尔斐神庙前的箴言，它时时提醒人们反思自我。笛卡儿说，"我思故我在"。这句话的含义还应当包含我独立思考，所以才成就独特的我的意思。我没有按照老师的要求成为他心目中的学生，同样，我也不希望我的学生长大后成了我。青出于蓝却不同于蓝，胜于蓝最好，即便不能胜过，只要是属于自己的青，世界也会因此而绚丽多彩。

你应该和我们一起投票

◇ 丁如许

六一国际儿童节前，根据少先队大队部的布置，每班推荐五个优秀少先队员报学校表彰。我想，最好的办法是民主选举。于是，在班会课上，我们举行了投票选举。投票后进行了公开唱票。随着唱票的报数，结果很快统计出来。

陈逢、戴荔、俞阳、王闻哲四人领先，还有两位同学并列。

中队长问我票数相同怎么办？我想了想说："票数相同，我投一票吧。"

这时一位同学举手问："丁老师，你为什么投一票呢？"

我想我是教师嘛："我是老师，我可以投票。"

"那要不要请其他老师来投票？"这位同学紧迫着问。

我有些吃惊，但很快镇静下来，说："我是中队辅导员，作为少先队的活动，其他老师可以不参加。"

这时，五支手臂高高举起。

"丁老师，你应该和我们一起投票，你不能在选举结果出来后投下这决定性的一票。"

我非常惊讶，我为学生具有这样强烈的民主平等意识而惊叹。我立刻感到脸上火辣辣的，心里不是滋味，可学生说得在理。我仔细想了想，感到同学们给我上了很好的一课，继续重新投票已没有必要。于是，我决定向少先队大队部反映，申请增加一个名额，表扬六个少先队员。

推选结束了，我还陷在沉思中。我感到自己的民主意识、平等意识必须切实加强。长期以来，我把自己看成是班级的一员，但这是特殊的一员，而不是普通的一员。我可以特别地行使权力，决定"政策"。而有时决策的失误会影响一个孩子的情绪，甚至延及他的一生，比如我这时的投票便会严重挫伤被"淘汰"的孩子的心灵。苏霍姆林斯基说："教师的工作，就其本职性质和逻辑来说，就是不断地关心孩子的生活，请任何时候不要忘记你面对的儿童是极易受到伤害的。"教师在每件小事上都应体现自己的民主意识和平等意识，于细微处见水平，认认真真地做好工作。

"你应该和我们一起投票！"这句话深深地烙在我的心中。

遭遇圣诞节

◇ 马丽娟

圣诞节那天晚上第四节是我的晚自习，也许久居校园所感受的节日气氛不是很浓，所以我迈着不怎么激动的脚步走向教室的。

刚走到楼梯转弯口，就听到一群年轻声音的喧嚣，这使我平静的心情顿时变得不平静起来。果不其然，还没到教室门口，迎面碰到陈科和徐涛两人正在窗台布置一些有关圣诞的修饰，窗户上映着一些圣诞树和可爱小手的剪影，我在一旁饶有兴趣地欣赏着。忽然他们发现了我，于是两面夹击，手无寸铁的我在劫难逃，立刻被一种刺激的气体包围，自己平常引以为傲的披肩发成了最惨重的牺牲品，后来我才知道原来"凶器"就是他们的道具——用于布置环境的喷雾器。狼狈的我当时真是哭笑不得进退两难，身上被他们弄满了彩色的亮晶晶的气体凝结物以及一些莫名的粉状物，称为五颜六色绝不过分。几个女生在旁开心地笑着，"老师，你被染发了"，"老师，你头上长'绿毛毛'了"，"老师，你今天好漂亮呀"。听着她们"恶意"的调侃，我也忍俊不禁，这群可爱又可恨的学生，让我怎么说你们才好。一个女生很善解人意地递给我一面镜子，"天哪，我竟然成了这副模样？"我惊叫一声，撩起发丝的手也被染得红红绿绿起来，不过说真的，除了感觉难受，我一点也没生气。

上课铃响了，尴尬的我再不顾平日淑女形象，努力使沉浸在兴奋中的学生安静下来，接着布置了本节课的任务，他们没有坚持三分钟，班里又乱起来。我无奈地问："大家说，是学习重要还是圣诞节重要？"众人异口同声："学习。"我正窃喜自己教化有功，忽传来洪亮男中音："学习有364天，圣诞节只有一天！"众人皆笑。我也觉得这个平日默默无闻的小男生今日突发惊人之语颇为可爱，后来大家彼此妥协，在圣诞颂歌的背景音乐中开始学习。

也许今天的效果确实不怎么好，但和学生一起过的这个令人啼笑皆非的圣诞节我将难以忘怀。因为，在这所青春的校园里生活的我和他们一起年轻了一次。

给爱一个拥抱

◇ 宋　珺

一日，办公室里的同事谈起生日之事，谓之：现在只有父母记得孩子的生日，而记得父母生日的寥寥可数。谈话间，无不流露出"世风日下"、"人心不古"的感叹，最终得出一个结论：现代社会的钢筋水泥把人的心都变硬了。

听着听着，我不免想起了前不久发生的一件事。

那是四月间，为了配合"亲情"单元的课文学习，我布置了一个作业——回家后拥抱自己的父母以表达对父母的爱意，同时记下自己的感受与父母的反应。第二天，我兴冲冲地走进教室，满以为孩子们一定会围上来向我叙说昨日拥抱的情景，但事实却是大相径庭。

全班四十个学生只有三分之一左右的学生完成了这项作业。我请这些孩子说说当时的情形，他们一个个兴奋不已。有的说"我已经很久没有拥抱过爸爸了，昨天我抱着爸爸，感觉到是那么温暖"；有的说"抱着妈妈我觉得自己是天下最幸福的人了"；有的说"我不仅拥抱了爸爸，还给他捶了背，爸爸很舒服，我也很开心"；还有的说"我拥抱着妈妈，听到了她的心跳声，大概妈妈被我拥抱着也很紧张吧"……

这些孩子的欢喜更衬得另一些孩子的落落寡合。细问之下，原来他们有的想去拥抱父母，却被父母一句"去做功课，来这里干什么"打发了；有的看见父母冷冰冰的脸，就打消了"拥抱"的念头；有的拥抱了父母，可是父母并未给予相应的回应……这种种情形令这些孩子失望得很。

当孩子们用清亮的眼睛看着我，当孩子们用稚嫩的童音问我"是不是爸爸妈妈只喜欢我的分数，而不喜欢我"时，我无言以对。

一个动作，两种遭遇，今天又联系到"生日"一事，我不禁要问一声：是谁把孩子们的心磨硬了？孩子们的心是柔软而又善感的，他们感受着生活，同时也以自己独特的方式表达着自己的感受，可又有多少成人意识到这一点。为生活奔波着的人哪，请留一点时间给孩子，留一点心灵空间给孩子，请"给爱一个拥抱"吧！

在乎学生

◇ 张丽娟

《学会生存》中说："教师的职责在于越来越少地传授知识，而越来越多地激励思考；除他的正式职能外，他将越来越成为顾问，一位交换意见的参加者，一位帮助发现矛盾论点而不是拿出现成真理的人。"我时时刻刻提醒自己记住这些道理，作为一个参与者与学生共同研讨问题，让他们觉得老师是他们中的一员。

记得周四上写字课，我在黑板上写了一个新字。突然，有个学生轻声说："张老师，你把这个字写错了。"我回头审视了一下黑板上的字，觉得没错，就问："错在哪里呀？"他鼓起勇气说："右半边的'言'，第一横应该最长，可你体现得还不够。"我仔细看了一下书上的字，真诚地说："你观察得真细致，确实是老师写错了。"说着，我拿起黑板擦，擦去原来的那个字，又重新写上一个标准的。改过后的那个字显得那样的神气、好看，我再看那个学生，只见他脸上漾起灿烂的笑容。

虽然只是一个简单的字，虽然只是这个字的一个笔画，可由于我在乎了学生，就得到了不同的效果。提出意见的学生品尝到了喜悦，因为他的发现得到了大家的肯定；其他学生也由此明白了一个道理：要敢于将自己的想法表达出来，老师并不都是对的。

在以后的教学中，我板书时就会更仔细了，学生也会更挑剔了。我想：师生之间的这种共同努力，不能不说是一种教学相长。这种结果，完全是因为在乎了学生。

在乎学生，在乎他们的喜怒哀乐，在乎他们的言行举止，在乎他们的情感态度，像他们在乎老师一样在乎他们。只有这样，才能使老师不再是孤独的演奏者，才能使课堂响起动听的交响乐。

让我靠近你

◇ 张学青

中午到餐厅吃饭，与我搭班的老师找我帮忙，说思想品德课上，涛和斌两人在底下说笑，批评了他们。涛便不肯下楼吃饭，说是自己早上吃得太饱。真拿他没办法。

涛天生一副倔脾气，又兼家人极疼爱他，平时行为难免任性骄纵，一般任课老师，都不在他的眼睛里。除非，你有本事让他心悦诚服。

匆匆上楼，找到了涛。

我让他下去吃饭，他还是那句话：早上吃得太饱了，吃不下。

又问他思想品德课的事。他红着脸，没吭声。

我从他眼中读出了犹豫："不管发生了什么，都要有勇气说出来。平时看你总是一副男子汉大丈夫的样子，今天怎么这么忸怩了？"

"今天思想品德课上的是《尊敬老师》，讲的是居里夫人的故事。"他终于开口了，"斌说居里夫人跟她老师拥抱，如果她老师是个男的，那她老公要吃醋的。我说，这倒也是。然后我们两个就笑起来了。"断断续续的，他终于说清了事情的原委，脸也更红了。

原来如此，我不禁哑然失笑。

"原来就为这个笑，那你知道西方人的见面礼节吗？"

"电视里看过——拥抱"说到这里，他也笑了。

"对，外国人的拥抱，就像我们中国人见面握手一样。再说，师生的拥抱也完全是正常的。"

他收敛了笑容。

"今天你的日记写爷爷工伤压断手指上医院，里面的描述老师读了很感动：'怎么会这样？我希望这不是真的。我感到自己的每个手指都在疼，我的心也在疼。'朴素的语言，真实感情的流露。爷爷真是没白疼你。"

他小脸通红，眼眶湿润。别看他倔得厉害，心地还是善良的，是个会掉泪的男孩。

"居里夫人拥抱自己的老师，也是她真情实感的流露，这是一份美好的感情，对不？"

他点点头。

"来，为你的进步和懂事，咱们握握手，怎么样？"

也许第一次跟老师握手，他伸出了小手，神情激动。握着他暖暖的湿漉漉的小手，我笑着说："当你取得更大的进步时，我也想拥抱你呢。"

他笑了，然后又郑重地说了声"谢谢老师"。

"我们一起上餐厅吃饭吧。"我搭着他的肩膀，一起走出了办公室。

我们走得很近，太阳把我们的身影，重叠在一起了。

今天的故事，让我感慨良多：学生为什么觉得师生拥抱是不可思议的事情？我们对学生又有多少亲近？脑海中又想起了学生英的一则日记："天飘着雨，从食堂回来，张老师没有带伞，和我合撑一把。她搂着我的肩，我们一起走在回教室的路上……感谢那场雨，让我和张老师走得那么近。"

对于孩子，作为老师，除了一个鼓励的眼神，一个会意的微笑，我们何不摸摸他们的头，搂搂他们的肩，牵牵他们的手，甚至，抱抱他们呢？

老师，我也要让你过把瘾

◇ 陈惠芳

带学生去春游，地点是苏州乐园。

由于我教的是五年级数学，学校却安排我去负责三年级，心里颇有些想法，但是，为了集体，我绝对服从。只可惜我一个孩子也不认识，加上三年级三个班的人数是全校学生数最多的，这让我心里很是担心。

汽车载着喜笑颜开的孩子往前行驶着，一路上，我坐在三（3）班的汽车上，手机忙个不停。给一班的老师发个短信，向二班的老师询问一下孩子目前的状况，幸好，孩子的精神面貌都不错。也许老师往往都这样，担心这个会晕车，不放心那个是不是守纪。三（3）班的赵老师是一个年轻老师，管理班级有一套，为了避免孩子的厌烦心理，消除大家的疲劳，她在车上就安排了丰富的娱乐节目。文艺委员很大方，一会儿一个游戏，一会儿来个脑筋急转弯，还不时来个模仿秀，学学这个，模仿那个。那种逼真的"演出"，你一定不会想到是三年级孩子所为。笑语不断飞出车窗外，让我这个老晕车的老师也兴奋着，好像感觉蛮不错的，两个多小时就这样不知不觉过去了。

今天，我们来一个全新的春游行动吧？大胆放手让孩子玩！我在心里想着，一下车，就与其他带队的老师商量起来。

"什么，把孩子散开，让他们自由组队自己玩，要是出了事，可怎么办？陈老师，你未免太胆大了吧？我们三年级的许多孩子还第一次来这里呢。"

"是呀，陈老师，还是每个老师带上一组孩子，这样比较安全。"

"我看我们就试一试，如果经常像老母鸡那样，孩子一直有依赖心理，他们也应该独立一些了。"

大多数赞成，少数抱有疑虑心理，结果是大家统一了看法：就让孩子自己玩去，我们老师也疯狂一下，玩我们自己的。交代清楚后，孩子三个一群，四个一组，就向四周散去了。虽说决定了，其实我内心是有些担心的，出来春游，安全胜过一切啊。要不，我们几个负责蹲点的老师就少玩一会，盯着几个容易出事的。

这么想着，我就悄悄跟在几个孩子的身后，想看看他们会不会玩，怎么玩。其实，玩是孩子的天性，他们怎么不会玩呢！

你瞧他们六个：先在门口买一幅地图，然后就朝一个方向走去，因为人多了不方便，那么，行，分成两组，先朝人少的地方去。可惜这些活动的项目往往比较刺激，又有些危险性，很多孩子先欣赏一下其他孩子怎么玩，再进去，什么碰碰车啊，青蛙跳啊，空中隧道啊……没有老师在身边，孩子们都忘乎所以起来了。可惜，学校规定了，一些项目太危险，禁止他们独自去游玩，否则他们今天一定是什么都想试一试了。

忽然来到旋转木马那里，我童心萌发，何不也来试一试？反正这会没有一个学生在，不怕他们笑话我。我喜滋滋地放下包，坐在木马上，第一次乘，心里还真开心。

"注意了，还有几个位置，请前面的几个小朋友先来坐。"管理员认真地检查了一下，终于启动了电钮。我抱着个木柱子，开始慢慢儿、慢慢儿地忽上忽下旋转着，感觉真的好极了。唉，我们小时候哪有这玩意，放学除了割草喂羊，农忙时节就是去生产队里拾稻穗，哪有什么外出春游的。这么想着，我越觉得今天我也应该玩一个痛快，身边没有了孩子，我要好好补偿一下自己"残缺"的童年了！

"看，陈老师也在这里呀，真有趣，老师也爱玩这个啊。"后面，不知怎么的传来了几个孩子的议论声。"糟了，是哪个年级的？"我回头一看，哎，木马已经停下了。"哦，我们是三（2）班的。""怎么，就允许你们来，老师就不能来了。""不是，我们看见老师也在玩，觉得有意思，说明老师也是个大孩子么，希望老师和我们一起玩呢。"

真是的，我本来就是个大孩子么，女儿不是说我很多地方还没她成熟，要向她学习吗。哦，有了，我今天就装作什么都不懂，让孩子带着我怎么样？想到这里，我就对孩子说，陈老师与其他老师走散了，现在是孤独的一个人，你们愿意带我一起玩吗？"行，我们今天一定让你过把瘾！"几个孩子几乎一起说道。就这么定了，我跟在他们身后，看他们把我带到哪里去。

几个孩子叽叽喳喳，真的以为我是个小孩子。我傻傻地跟在他们的身后，不时也会遇上其他的老师，我就朝他们眨眨眼睛，有意避开，说明我在做试验。

真的有些走不动了，我佯装很累的样子，孩子们不亦乐乎忙起来。这个要帮着拎包，那个要去与别人商量找一个坐的地方……看着他们的样子，我真的好高兴。

到了集队回家的时候了，我清点了人数，一个也不少。伟大的计划终于圆满结束了，师生们个个神采飞扬。而此时的我，更有着与别人不一样的鲜活感受呢。今天，我终于也过了一把玩的瘾！我要对大家说：当老师真快乐，我快乐在孩子们无瑕的童年里！

有时，笔谈会更受学生欢迎

◇ 卢丽丹

作业本发下去了，同学们急切地翻开本子，他们在找什么呢？噢，他们急着在找"老师的话"呢。

原来，由于两个班学生数增多，我没有足够的时间去和他们一个个分析错题的原因，于是，我试着将直接给他们分析的方式改变为在他们的作业后面写评语——有表扬，有鼓励，有分析，也有善意的提醒……让我没想到的是，这一方式竟然大受学生的欢迎，取得了意想不到的效果。自从开始这一方式以来，学生做作业的自觉性增强了，正确率也提高了。为什么笔谈这一方式会受到学生如此的欢迎呢？会起到这么好的效果呢？这引起了我深深的思索。

在老师和学生的交流过程中，面谈一直是一种主要的方式，它以其独有的直观性、便捷性，受到了大家的重视，成为开展教育、教学工作的主要方式。但面谈也有一个不能否认的不足之处，那就是容易引发师生之间情绪上的隔阂与对立，从而淡化甚至破坏教育效果。因为"找学生谈话"这一行为本身，往往就会被学生误认为对他们的"否定"，从而在不知不觉中产生对立情绪。所以，从他们出现在教师面前的第一刻起，一种不和谐的气氛便弥漫在这次谈话中间，无形中决定了这次谈话的走向与氛围。

而笔谈较之于直接面谈来说，虽然缺少了面谈所独具的直观性与及时性，但它确实也具有自己的独到之处。

首先，笔谈由于不是师生之间面对面的交流，所以它不会引发师生之间情绪上的隔阂与对立。从教师这一方面来说，笔谈容易使教师更理性地看待问题，会缓解批改作业当中所可能产生的怒气，会从表达的角度出发，考虑如何措辞使学生易于接受，同时让学生真切地感受到老师对他的关爱。从学生这一方面来说，每一个学生都渴望得到老师对他的关注，但每一个学生都对老师或多或少存有一些敬畏。这就决定了学生心理表现的矛盾性，既希望老师来找他，让他感受到老师对他的关注，又希望老师别找他。而笔谈这一方式恰到好处地满足了学生的这种心理，不会使学生产生心理压力。

第二，笔谈这一方式是要借助于书面语言来表达的。书面语言较之于口头语言来说，更有利于表达说话者的情感，更容易激起阅读者的共鸣，所谓"动之以情"，方可"晓之以理"。富有真情的表扬、激励、劝告，学生怎么会不接受呢？

给学生写评语，一贯是语文老师常用的方式。其实，我们的广大数学老师在工作中不妨也试一试，或许它会使你在工作中更加得心应手。

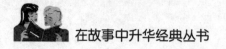
退一步，海阔天空

◇ 倪建芳

现实生活中的买卖交易，如果卖方出价高，买方还价低，生意难以成交。但如果卖方将价格压低点，买方稍抬高点，生意一拍即成。这就是"退一步好办事"的道理。试想，两个既好面子、又吃软不吃硬的人发生了纠葛，只能在互找台阶下后方能息事宁人。

我们常叹身边的这群孩子年龄小、不懂事、克制能力不强，因而时常在不经意间犯错误。孩子们也曾因此有过于心不安、有些后悔。然而，幼小的心灵也有自尊，他们不希望听到疾声厉语式的批评，而希望老师和家长们能设身处地地体谅他们，包容他们，给他们改过自新的机会。

细想学生小祈，以前的他是那么的优秀，数学成绩总能名列前茅……总之，他很令我欣赏。可是新学期刚开始，他仿佛变了一个人，不仅上课无精打采，经常跑神，而且作业偶尔拖拉，成绩下滑，真搞不懂这是为什么？那天，他把数学书落在家里了，家庭作业也没做，一切很反常。这令我很生气，我当众狠狠地批评了他："你的行为配当同学的榜样吗？你一而再再而三地给我们班丢脸，我今天罚你做作业！"

课后学生报告我说："小祈不做作业了……"

我把他揪进了办公室。他僵在那儿，漠视我的"存在"；我盯住他，他仍旧无动于衷；我质问他，他紧咬着嘴唇，就是不开口。就这样我们僵持了很久，很久。

我心痛，这样一个优秀的学生怎么会变得如此离谱，甚至让我几乎不认识他；我自责，这样一个曾经令我如此欣赏的优秀的学生竟然在不经意间悄悄地远离了我。

"鞭挞儿童，是教育上最不适当的一种方法，因为惩罚会使孩子从良心的责备中解脱出来，把孩子推向教育的另一端。"这样的孩子不能用冷眼。如果引导好，前途肯定一片光明。我们不能把孩子心中想学好的愿望掩盖掉。爱是一种信任，爱是一种尊重，爱是一种鞭策，爱是一种激情，爱更是一种能触及灵魂、动人心魄的教育过程。我们爱学生，就必须善于走进学生的情感世界，就必须把自己当作学生的好朋友，去感受他们的喜怒哀乐。事实上，当学生对你说悄悄话的时候，你的教育就真的成功了。

看来，对于小祈，我只有蹲下来跟他说说悄悄话，用爱心感化他。其实，此时的小祈表面上看起来不值得爱，实际上恰恰是他最需要爱的时候。于是，我试图去走进小祈的内心世界……

我释然，退一步，给孩子一个台阶下，教育问题就会迎刃而解了。我不禁感叹：退一步，海阔天空。

美丽的"谎言"

◇ 陈叶华

被同学称为"熊猫"的钱佳，头脑很聪明，可学习习惯却极其糟糕，经常是丢三落四的，做作业时不是缺这就是少那，交作业时总是找不到本子，叫他第二天把作业本带来，可他却说又找不到了。我虽多次提醒他，可没有任何改观。眼看着他在小学阶段的学习就要结束了，再这样下去怎样去应对即将到来的毕业考试呢？我经常在思考这个问题，以求能尽快找到解决问题的办法。

这一天发生的事情也许是偶然中的必然。上早读课的铃响了，他还没有来，分明是又要迟到了。我便灵机一动，对同学们说："同学们愿不愿意帮助钱佳同学？"结果，他们的想法和我一样。于是，我便如此这般地告诉他们该怎么做。

早读课结束了，他还没有来。晨会课结束时，他终于姗姗而来。第一节刚好是我的课，于是我一本正经地对同学们说："今天我们讲评练习，同学们一定要认真听，但不许握笔在手。如有违规，笔将被没收，并将其送给上课最认真听讲的同学。"就这样，我们的表演开始了。随着上课的进行，我看到几个同学已经不自觉地将我给他们的笔拿在手中，还有两个学生在写着什么，便停下来说："请手中握笔的同学把笔送到讲台上来！"五六个同学脸带极不情愿的表情把笔送了上来。我接着又问："今天上课谁最认真？"绝大部分同学异口同声地说是钱佳。当我把没收的笔送给钱佳时，他羞涩地微微一笑。

结果，我和同学们导演的"骗局"竟然给他带来了很大的变化。他上课再也不开小差了，做作业时也不再缺这少那了，家庭作业也不忘记带了。目睹他的这些变化，我和同学们时常会心一笑。

可一天，课代表急匆匆地跑来告诉我："钱佳又没有做作业！"我的心不禁咯噔了一下，想想昨天的作业并不多，就是让他们写一篇日记，并且没有规定写什么，他们可以写自己想写的任何内容。就这么点作业他也没做？

他来了，可没等我开口就坚决地说："陈老师，我以后再也不这样了！"听着他这样的保证，我想自己应该宽容一些，该给他机会。可他在离开我的办公室时，脸上却是狡黠的一笑，把我和那些来看热闹的同学都弄糊涂了。在以后的时间里，他也果然如他所说的，再也没有不交作业了。但他那天的"狡黠一笑"却始终藏在我的脑海深处，使我百思不得其解。

在小学毕业考试前的最后一次班会课上，钱佳果然掀起了谁也意想不到的波澜。班会课的主题是同学们畅所欲言地表达自己小学阶段最难忘的一件事。他说："在小学阶段，我得到了老师和同学的许多帮助，否则就不会有我今天的转变和成绩。"说着，他向同学们深深地鞠了一躬。他继续说："小学阶段我最难忘的一件事就是和同学们玩了一回'谍中谍'。说起来，你们肯定还记得，在这个学期初我又一次迟到了，陈老师并没有批评我，却在语文课上表扬了我，说我是上课最认真的，并把没收来的几支笔作为奖赏送给了我，我当时很感动。当我把那些笔捧在手中时，我有一种预感，这是老师和同学们为我设计的一场'骗局'：一是老师从来都没有没收过同学们的笔，更不会把它送人；二是同学们当时的反应的确和平常上课很不一样，那样异口同声地夸我认真；三是那几支笔都是同样的款式，且是崭新的。随后的几天，同学们的表现也证实了我的预感，因为被老师没收笔的同学没有任何的怨言，其他同学也没有再提起这件事。人非草木，孰能无情！老师和同学们精心设计的'骗局'给了我很大的震动，也使我第一次对自己的所作所为进行了深刻的反思。谁不渴望自己有良好的学习习惯？可我以前光是有想法，就是没有行动。在老师和同学们的宽容和帮助下，我开始朝着好的方面转变了。在不久后的一天，我没有交老师布置的日记，老师找我谈话时，我以为老师肯定会批评我，因为我已经做好了挨批的准备，可结果完全出乎我的意料。其实我写了日记。"他把日记本拿出来，又对同学们说："你们看这两页纸是不是有被水泡过的痕迹，这是我昨天晚上在家泡的。"果然如他所言，上面的字也略微有些模糊了，但还能辨认。原来他将自己那天写好而又没有上交的日记用胶水粘在一起了。只听他继续说道："老师和同学们现在肯定会有这样的疑问，我为什么要这样做呢？你们听我读了日记中的一些内容也许会得到答案。"他读道："我不能辜负老师和同学对我的殷切期望，尽管是一场'骗局'，但老师和同学们的良苦用心不正是希望我能有好的转变吗？想想自己以前的糟糕表现，实在是愧对自己，虽然我已经发现了这是'骗局'，尽管是善意的，但我不能说出去，至少现在还不能说，因为我不能伤害所有关心我的人，就让老师和同学们长时间对我充满期待吧！那就让他们也被我'骗'一次吧！"听到这里，教室里响起了经久不息的掌声。

钱佳的发言终于揭开了我心中隐藏已久的谜团，自己曾经以为导演得天衣无缝的"骗局"居然被他找到了如此多的破绽。尽管如此，还是产生了触动。他幸福地被我和同学们"欺骗"，我和同学们幸福地被他"欺骗"。可见，孩子的天性是追求进步的，当他们迷失方向的时候，教师应该耐心地寻找教育的切入点，引导孩子调整自己的航向。

第一名的背后

◇ 陈惠芳

自习课上，我给孩子们二十分钟的时间，准备进行一次小练习，内容是书上的"整理和复习"中的六个习题。我郑重其事地告诉他们：今天老师准备采用竞赛的形式，最后将宣布得奖的名次，并进行一些有刺激的"物质奖励"。孩子们很开心，因为平时我即使组织一些班级数学竞赛，也很少宣布学生的得奖名次，而且从不给孩子排队贴标签。今天的孩子显然被我"骗"了，不一会儿就进入了状态（要知道，"刺激"的奖品只不过是一本练习本而已）。呵，看着他们专注的神情，我暗自好笑。

时间未到，许超第一个举起了手。"老师，我已经做好了。""请你认真检查一下。""我已经看过了。"我示意他将本子交上来。

要知道，他平时的成绩是很差劲的，经常不及格，今天怎么那么快速？我顿生疑惑，开始小心地批改起来。呀，许超居然全对了，我高兴地叫起来。这时，恰巧比赛的时间到了，其他的孩子也全都停了下来。看着我欣喜的表情，孩子们也乐着，但是，他们更想知道自己的成绩。

我征求了孩子们的意见，就决定采用小组交换的形式进行作业批改，孩子们很高兴地操作着。我知道此时他们的心思是在得奖的名次上，所以要赶紧把这分数批出来。

过了一会，成绩出来了。看来很多孩子很失望，对于自己的成绩不是很满意。最后的成绩令我也惊讶：许超居然是班级里唯一的一个满分。当他走上领奖台的时候，很多孩子都露出惊奇的眼光。哎，怎么许超是第一名呀？

说实在的，我心里也七上八下，这是怎么回事呀？回办公室的路上，我也不断地问自己：今天的许超似乎有点特别呀？他怎么会获得第一名呢？是抄写的，是偷看的（抄准的？同桌还没有他好呢）？也许是昨天回家预习的缘故吧？我不断地否定自己。真的，成绩面前，不容置疑，他的练习还是我自己亲自批改的，千真万确的一百分——"优秀加星"。

我在办公室里刚坐下几分钟，便看见班级里的几个男孩子从天桥那边跑来，最后跟了一个低着头的许超，刚走到我的门口，他们便气喘吁吁地告诉我："陈老师，告诉你一个秘密，许超刚才的作业是抄的。看，这是他爸爸开学时为他买的《数学课课通》。""怪不得刚才做得那么快呢，原来是抄的，欺骗大家。"快嘴巴的小宇补充说道。

我抬头看许超，他像做了坏事的小偷，低着头，开始掉眼泪，不说话。"这是真的吗？许超。"

他全部承认了。"陈老师，那把他刚才的奖励撤了，换给另外的同学。还要处分他——扣掉班规二分，好吗？"几个孩子缠着我，等待着我发布命令。

看到一个平时成绩不好的孩子，竟然会想法来欺骗我，我真的很生气。因为以往的班级口算比赛也好，数学小竞赛也好，许超是不着边际的。我一开始的怀疑也很正常，可是没有想到他买了参考资料抄袭。我真的想打个电话告诉他的父母，或者马上拿了试卷去教室里纠正刚才的得奖情况。但是，他那双忧郁的眼睛，那种无助的神情告诉我，如果我这样做，会伤害这个孩子，再说，开学时，我已经与他爸爸进行一次电访了。这学期，他父母对他的学习是关心多了。

"好吧，等老师跟他谈谈，你们先回去吧。"我把其他孩子打发走了。

办公室里没有第三者。许超告诉了我他的想法，原来，他想尝试一下得到第一名的滋味，一直没有机会。没有想到，今天老师的赛题就是书上的，真是天助我也！所以他把参考书放在课桌里，抄好了，就赶快交卷（《课课通》是开学时爸爸买的，为了他事先可以预习，看看难题讲解什么的）。"那么，你今天做了不好的事，老师给你奖励了，如果现在我到教室里，你想大家会怎么看你呢？所以，老师希望你以后不再做这些不光彩的事情。但是，老师现在跟你想一个办法出来，既可以挽住你的面子，又能给同学一个交代。我们一起把这件事情解决好，好吗？"我的话语给了他安慰。

"告诉我，那些题目你现在懂了没有？""有一个不懂，其他的已经懂了。""那好吧，我先教你，等一会儿，你去教室，进行习题讲解，如果你讲得生动，大家可能也就原谅了你。那么，老师刚才给你的奖励，也就不要撤消了。好吗？"孩子显然乐意接受我的"处罚"。

教室里，孩子们都已经知道了这件事情，我先作了自我批评，并建议大家给许超一次改过的机会。我说许超愿意当小老师，把刚才的六个习题给大家讲一遍，如果大家一致通过，那么，老师对他的奖励也就不要撤消了。同学们对此很赞同。

在大家信任的目光中，许超把题目讲完了，孩子们报以热烈的掌声，看来大家已经默认了我的"处罚"，我的心里也轻松了许多。看来，孩子们都是很宽容的，学会了接纳别人。

第一名的背后，会给你一些启发吧？

感悟宽容

◇ 钱立群

"严是爱，松是害，不管不教终变坏。"自我踏上工作岗位的第一天起，

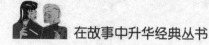

我就将此教育真理信奉为座右铭，指导着我的日常教学。对于犯错的学生我从不宽容，在我看来，严才是对学生的爱，宽容只会放纵学生的缺点和错误。

因此，为了"学生们好"，也为了体现出我的"师道尊严"，我终日不苟言笑，一脸严肃正经。对于学生的错（比如赖作业啦，没挂红领巾啦，排队讲话啦，不遵守课堂纪律啦等等），我经常不分青红皂白，大动肝火。轻则"大呼小叫"，重则"狂轰滥炸"，恨铁不成钢。然而，这单调粗暴的严厉，就像"药"一样，在刚用那一阵子，还有点效用，学生慑于"高压"而屈服。然而时间一长，这味"药"便失去了药效，任凭你老师再怎么发威，他们都已经是"久经风暴"而"无动于衷，无所畏惧"。甚至对于有些同学而言，由于"药"品单一，"药"量过猛，而出现了副作用——对于班主任的批评产生厌烦心理。学生有的依旧我行我素；有的则一见到我就避之不及，战战兢兢；有的甚至流露出哀怨敌视的目光。全然没有孩童纯真可爱的音容笑貌，师生关系日益沉闷。怎么样才能让学生亲近我，接受我的教育，改正他们的缺点，还他们生动活泼的笑脸，并形成亲切融洽的师生关系呢？正当我苦苦思索之际，来自小朋友的作文拭亮了我的眼睛。那时刚刚上完《望星空》这篇课文，有些小朋友也在作文里写了他们的希望。一学生写道："我希望钱老师能每天笑着给我们上课。"另一学生写道："我希望钱老师的笑容像我铅笔盒里的小红花一样，一天天多起来。"啊，多么简单而又诚挚的愿望啊！它如电击般深深地震撼了我的心灵。霎时我感悟到，教育的方法不仅仅只有严厉，而用严厉向学生传达爱，传达关怀更是一种错误的手段。宽容才是爱的精髓，教育的真谛。

在接下去的日子里，我努力去实现孩子们那简单但却诚挚的愿望。每天笑着迎接每一堂课，面对学生各种各样的错，我也是尽量控制自己的情绪，在心里对自己说："别发火，别发火！"用温和的、婉转的语气，表示自己理解他们所犯的错误，同时希望不要再犯同样的错误！并对学生点滴的进步都从心底里表示欣喜与鼓励。虽然一开始时控制自己的情绪，改变自己的"面目"，觉得有点不适应。但坚持了一些日子，我就欣喜地发现，孩子们正在悄悄地发生着变化：作业书写认真了，上课举手积极了，下课追逐打闹少了，爱看书下棋的多了，任课老师告状少了，表扬多了……而更令我激动不已的是一位名叫"郑东海"的男孩的变化。

这是个虎头虎脑的男孩，新生家访第一天，他那无知的眼睛，傻气的脸庞，脏兮兮的外表，就给我留下了一个很差的印象。果然，开学第一周，麻烦就来了。大队辅导员领着他来了，对我说："钱老师，你们班这个学生好厉害啊，先锋岗的大哥哥对他说'学校里不能讲土话，他居然拔出拳头就打。'"看着他那表情，我简直是怒不可遏，连高年级先锋岗的大哥哥都敢碰，这不是颗"定时炸弹嘛"。说他是定时炸弹一点没错，这才刚刚被我狠狠骂过一顿，第二天就有个小朋友一瘸一拐地来告诉我："钱老师，我在玩的时候不小心把脚碰到了郑东海，他就把我拎起来，扔到了教室门口的草坪里，把我的脚也摔痛了。"天哪，听到这样的告状，我都有点不相信自己的耳朵，这郑东海有没有脑子啊，居然这样做，这要是把人家摔伤了，可怎么得了啊。我想想都有点后怕。于是，把他找来，我又是忍不住一顿臭骂。可是，更令我气愤的是，面对我的批评，他不仅不承认错误，还顶嘴，还流泪说他没错，是别人该打。真是把我气糊涂了，我在心里暗说，有这么个活宝，以后我可没太平日子过了。果然，在接下来的日子里，他没有一周给我太平过，每天不是打这个人就是打那个人。而且就准他碰别人，人家碰他一下，肯定要挨揍。要命的是，除了行为差，学习也差得离谱。上课不听，还影响别人，每天赖作业，考试不及格，让他把赖的作业补上，错的作业订正，好像是我欠他的一样。而我，也因为他的双差，彻底把他打入了"十八层地狱"。要不不理他，一理他不是臭骂他一顿，就是扔了他的书包。我和他就这样剑拔弩张地走过了一年级，走进了二年级。

本指望到了二年级，大了一岁，会有所起色。可是结果令我失望，他还是像上学期一样，赖作业，不知分寸地打人。就在我努力微笑着面对学生，宽容他们的错误时，我就把他除外，打算特殊人物特殊处理。可令我跌破眼镜、倍感意外的是，在这一段时间里，他的进步比谁都大！作业不赖了，上课听得较以前认真了，学生来告状的少了。欣喜地看到这些，我在激动不已之余，也产生了丝丝愧疚之情，我怎么就不能像对待其他同学一样对待他呢？于是，在一次情操课上，我当着全班同学的面，表扬了他的进步，并奖励了他小红花。看着他得到表扬，得到小红花之后满脸的笑容，我心里也是百感交集。于是，我当着全班小朋友的面说："郑东海，你的进步很大，只要你每天能完成作业，不用拳头对付同学，老师每天奖你一朵小红花。"记得当时，他听了我这句话，郑重其事地点了点头。果然，在接下来的日子里，他做作业不再像以前那样不情愿了，正确率高了，上课不仅听得多了，有时候也能举手发言了，考试也及格了。行为方面，我也多次看到，别人把他打痛了，他学会克制自己，有什么事情，也会主动来跟我说了。而我，也是遵守我的诺言，每天肯定他好的方面，奖他一朵小红花。对于他克制不住所犯的错，我也不再是红脸粗脖子地把他臭骂一顿了，而是尽量用婉转柔和的语气指出他的不足。而他，面对我温柔的批评，认错态度比以前好多了，都是笑着接受我的批评，而不像以前一样，我一说，他就发脾气，躲到一边，用怨恨的眼光看着我。发生在上星期的事，更是改变了我对他的看法。那天，省领导来学校视察工作，为了保证创强工作的顺利通过，各个教室的卫生还要查漏补缺。于是，那个中午，我就一人在刷黑板前的踏板，擦黑板前看上去较脏的瓷砖。学生们做完了作业，都在教室里玩，没有一个学生想到要来帮老师一起做，包括我眼中的好学生、班干部。而郑东海一做完作业，就来和我一起擦瓷砖、刷踏板，干得还有板有眼。后来，我要踩到桌子上擦电风扇和电灯了，高空作业比较困难。还是郑东海帮我打水搓抹布，又帮我扶椅子。在他的带动下，后来才来了几个小朋友，一起帮我扶椅子、打水、搓抹布。而有好几个平时看上去比较懂事的学生包括我中意的班干部，就想着自己玩，甚至在教室里追逐打闹。通过这一件事，我彻底改变了对郑东海的看法，也改变了对所谓好学生的看法。自此以后，我和郑东海的关系就走入了良性循环，他越来越愿意亲近我，我对他的态度也越来越好，即使犯错，我也不再发火了，毕竟是孩子，我用一颗宽容的心包容了他。而他也很争气，所犯的错误越来越少了，进步则越来越大了。

更为重要的是，他的改变，让我对"宽容对待每一个学生"充满了信心。我希望我的宽容，如一缕阳光，照亮学生的心；如一丝春风，滋润学生的心田；如一粒爱的种子，在学生的心中萌芽。作为人类灵魂的工程师，请拥有一颗宽容的心吧！

"老师，借我一颗星"

◇ 何文元

　　课堂上，我常常三令五申：作业要保持整洁、字迹要写工整；课外，在找学生谈话时，我常常告诫学生说，下次要是再不把字写工整点，作业要重做。尽管如此，学生的作业还是老面孔，我有时真恨不得将这些作业本撕个粉碎。

　　为了能激励学生做好作业，我决定在作业的评价上下功夫。首先，我放开了打分的尺度，只要按时完成作业并认真订正，作业全部正确者评为"优"。看到有些学生在订正作业时，尽管老师已经打了"×"，有不少学生还是会在原题上订正，问他们为什么要这样做，回答干脆而实在："这样订正省力。"于是，我决定在批改学生作业时，学生做错的地方不再打"×"。由于十多年来，已经养成了打"×"的习惯，有时难免还会打上一两个"×"，我就跟学生约定：由于老师的疏忽，已经打了"×"的，请另外订正！想不到学生都很明事理，对老师的失误都能宽大为怀，着实令我非常感动。

　　为了鼓励那些认真、有进步的作业，在等级评价的基础上，我再加以星级评价：与他人比，字迹工整、书写整洁者，加一颗星（用"☆"表示）；与他人比，解题方法新颖、思路独特者，加一颗"☆"；与自己比，作业有进步者，加一颗"☆"……自己在教室后面的学习园地里加上每次所加得的"☆"，"比一比，看谁的'☆'多"！

　　就这样，我经常会听到学生说："老师，给我加颗'☆'吧！"我说："好啊，说说看你什么地方够条件加'☆'。"看着无言以对的孩子，我会鼓励着说："不要灰心，下次作业努力点，加颗'☆'对你来说不是什么难事！"望着那会心的笑容，我看到了一个从容、坚定的身影。

　　有一次，一位学生来到我的身边，轻轻地对我说："老师，借我一颗'☆'，可以吗？""啊？借一颗'☆'？"我被这突如其来的一句话问懵了，心里盘算着："总不能伤了孩子的心吧，要不，好不容易才建立起来的亲近的师生之情就有可能离我而去，我到底该怎么办呢？"我反问道："要借'☆'吗？可以呀，你想怎么借？""老师，我已经有四颗'☆'了，你借我一颗'☆'，就是五颗了，五颗'☆'不是可以奖一本作业'☆，的本子吗？""好，你已经得了四颗'☆'了，老师相信你一定能得到第五颗'☆'的。"

看着那位同学开开心心地拿着我发给他的那本作业"☆"的本子，我的心也被他打动了。是啊，孩子天真、纯洁、敢想、敢说、敢做，尽管有时会有太多太多的随意，但是，如果有我们老师细心的引导、诚恳的对待，他们那火热的上进心、旺盛的求知欲，都会被那些看得见、用得着的小小的奖励所左右。一本小本子，几毛钱算不了什么，但是作为一种奖励来说，它的价值就远远不是那几毛钱所能代替的。

学期快要结束了，那位向我借"☆"的学生如今已经得到了几本作业"☆"的本子，可他一本也舍不得用。平时回家做作业所用的本子，都是自己花钱买的。问他为什么不用，他也只是憨厚地笑笑。从他那绽放的笑容中，透出的是自信的力量和成功后的喜悦之情。

教育，需要一颗敏感的心

◇ 顾爱勤

2003年4月3日，离18点还剩一分钟，学校的预备铃刚打。

班上一名男学生急匆匆跑过来，"顾老师，王某某还没来。""那他在哪儿？""估计在宿舍，吃过饭他回宿舍去了。我去看看。""好！我也去。"我与同学一同前往。我怕王某某想不开，因为王某某在模拟考试中考得不怎么好，而他进入高三以来一直很认真，辛苦过后没有多大收获，对人的打击肯定不小。一边走，一边与学生攀谈着，同学说王某某最近心情不太好，还告诉我，王某某的爸爸在他读高一时，出车祸，死了。这件事给王某某造成了很大伤害，有一个月，他沉默寡言，平时同学间谈话扯到爸爸的话题，他都会躲开。我大为震惊，王某某留给我的印象：很有礼貌，碰到老师总是温和而又腼腆地笑笑，轻轻地喊一声。想不到他的笑容背后有着如此沉重的痛，

作为班主任的我，之前丝毫没有察觉到。

到了宿舍，人不在。我的心陡然紧张起来。王某某平时很安分守己，应该不会不请假擅自离校，屡屡看到高三学生不堪其压而出事情的报道，会不会……我心急如焚。打电话给他家，没人接。问隔壁班他的好友是否知道王某某的去向，他压根儿不知道，问他王某某最近有没有异常表现，他没觉得。

马上要下课了，我让与王某某一个宿舍的同学回宿舍后，暂时不要占用电话，看王某某是否会打电话来。

果然不出所料，9点过后没多久，学生跑来告诉我：王某某回家了。我的心理负荷减轻不少，也能安心地回家了。

第二天下午，王某某回来了，主动来跟我道歉，说是让顾老师牵挂了，对不起。我说回来就好，回来就好，没有过多的指责。跟他聊了一会儿，发现他自我封闭得很紧，没法作深层次的沟通。可能他对我不太了解（高三才到我班来），因而对我有所防范。

从同学那里知道，他回家是去扫墓了。我被感动了：清明节到了，他能想到给爸爸的墓祭扫一番，真是很懂事，很有孝心。他没有请假擅自回家，的确违反了学校的纪律，但人啊，孰能无情？我请求德育处容我慢慢处理。

过了几天，王某某找到我，欲言又止，我朝他笑了，他也笑了。我知道外表坚强的他也有着软弱的一面，需要有人倾诉，有人关爱。温和的言语、灿烂的笑容、鼓励的眼神都是情感的滋补品。我们走到学校的僻静处，王某某不擅言辞，只是简单地说了一下那天心情很郁闷，我问是不是成绩考得不好的缘故，他说不是，我再问是不是天气的缘故（我不能直接问清明扫墓的事，除非他自己告诉我），他不置可否，头低了下去，但马上昂了起来，对我说："都过去了，顾老师，你放心。"我感觉到眼前的男孩长大了，虽然措手不及的打击曾一度让他沉郁，但今天坚定的语气和反过来安慰我的话明白地告诉我，他选择了坚强。我赞许地点了点头，不再刨根问底。

事情虽过去了，但给了我一点感悟。教师要了解学生，真正走进学生的心灵，真的非常不易。不仅需要腿勤、手勤，还需要有一颗敏感的心，去感应学生纤细的心灵，才能捕捉到"蛛丝马迹"，及时开导，防患于未然。发现问题后，多一点关爱和理解，少一点指责和批评，以心换心，才是真教育。

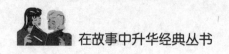

珍惜这一颗小小的心

◇ 薛向红

教师节这一天，孩子们仿佛自己的节日一般，争先恐后地拿鲜花、蛋糕、贺卡，甚至礼物，把办公桌堆得满满的。我看着一张张贺卡，心里漾着蜜。忽然间，一张粗糙、单薄、自制的有点丑陋的贺卡出现在眼前，我都有点不好意思打开。看看旁人都忙着自己的兴奋，无暇顾及我，才迅速打开，是一幅蜡笔画，画的空隙处写着："老师：节日快乐！"字迹歪歪扭扭，好像不会写字似的。我真是有点不屑，随手就扔到垃圾桶里：那会是谁呢？现在都什么年代了，还自己做这种幼稚恶心的东西，还不如不送呢。

随手拿起报纸，读到这样一篇小小的文章：一天，一个孩子来到金鱼店，挑了最名贵的鱼和金鱼缸，而后从口袋里掏出一大捧五颜六色的小石子。老板短暂地犹豫了一下："你给得太多了，我应该再给你一条小鱼。"孩子捧着这些"买"来的东西，高兴地跑了……读罢，不由怦然心动；多么纯真可爱的孩子啊，他已经尽他所爱！多么懂得珍惜孩子纯真的老板啊，他已经给了孩子最大的希望！

我呢？一下有点神经过敏，不由得马上脸红起来：我怎么对待刚才的那张贺卡的？那也是孩子的一片心意啊！我怎么不珍惜呢？我什么时候变得如此功利主义了？我丢掉的是什么？是孩子一颗稚嫩纯真的心呀！我又连忙把它捡了起来。

接着，马上上课，是一年级的一节写字课。教惯了五、六年级的大孩子，一下子教一年级的写字，还真有点不习惯。面对这群幼儿园刚上来的娃娃，我真是有点手足无措。我笑嘻嘻地先给他们来个游戏，还没有结束，马上有个虎头虎脑的男孩站起来一本正经地对我说："老师，你应该这样，先说'上课'，我们说'起立'，你再说'请坐下'，哦，别忘了，还要鞠躬。"哇哈，好家伙！他到学校才十天，倒教育起我这个教了十几年书的老教师了。更可气的是，竟然有几个胆大的已跑到讲台前做示范了。

我真想大吼一声："下去，怎么上课还用你们教？"真想好好给他们一个下马威，以免后患。但望着一双双真诚可爱的眼睛，一个个天真可爱的笑脸，一副副虔诚着急的神情，一下又想到今天是教师节，又想着刚刚发生的故事，我不由笑容满面："小朋友们真了不起！才来十天，就知道上课的顺序了。谢谢你们，老师马上和大家来一次，好吗？"小家伙们一个个正襟危坐，马上聚精会神起来。

下课了，我正准备回办公室，一个小女孩怯怯地走过来："老师，你拿到我的贺卡了吗？那是我自己做的，我先画好图画，然后照着妈妈写的字'老师，节日快乐'，自己写上去的。"我的心一下收紧起来，一把搂住这个女孩。"老师，我是外地刚来的，爸爸妈妈在这儿打工，我买不起贺卡，就自己做。老师，你喜欢吗？"我的心满是酸楚，满是羞愧：孩子啊，你没有同龄孩子那样幸福，可你那样爱老师，你是用心在做，而我却那样不屑一顾；孩子啊，你到校才十天，还不会写字，可你竟然想到给我这个才给你上了一次课的老师做贺卡，写祝语，你是用心在写，而我竟然随意丢弃；孩子啊，你对学校还那么陌生，竟然找到我的办公桌，你是用心在找，可我却不好好珍惜。

回到办公室，我又重新拿起这张贺卡，感动着、感受着一颗纯真可爱的心，一颗玲珑剔透的心，一颗感恩美丽的心！

让我轻轻地唤醒你

◇ 陆建红

上午第一节课，我正深情地讲解分析祥林嫂命运悲剧的社会根源。封建社会那些现在看来很是荒谬的礼教很能吸引学生的注意力，学生们都在专注地听着，时而流露出同情的目光，时而又发出一阵哄笑。我讲课更是神采飞扬。然而，后排顾强同学却无精打采，不久便趴在桌上睡着了。

"顾强同学，你认为谁杀害了祥林嫂？"

他的同桌很快推醒了他。他睡眼惺忪地望着我，一脸茫然。我指着黑板上的板书，正色道："我们已经分析得够详细了，抬头看黑板吧！"

同学们都笑了起来。他的脸顿时涨得通红。

当学生听课走神或打瞌睡时，给他提个问题，这是我们教师惯用的手法。每当学生茫然不知所措惭愧地低下头时，便认为达到了很好的效果。我也常常为这一招自鸣得意，既不用严厉的批评，却起到了批评效果，又不会影响课堂教学进程。

但事与愿违，顾强同学在以后的课堂上趴着睡觉的次数反而越来越多了。难道我的这一招对学生不灵验了吗？

我找来顾强同学，开诚布公地对他说："老师上课提醒你有错吗？""没错。""那你为什么上课老趴着呢？"他低下头很不好意思地回答："那次老师您让我出丑了，同学们都嘲笑我。"

哦，我明白了。我在无意间伤害了孩子的自尊。顾强正以"非暴力不合作"的消极情绪对付我。士可杀不可辱，中学生特别是高中学生有很强的自尊心。前苏联教育家苏霍姆林斯基曾说："自尊心是人的心灵里最敏感的角落。"一旦挫伤一个人的自尊心，他会以十倍的疯狂、百倍的力量和你抗衡。

再深究其因，无意伤害学生的自尊最主要是因为我对学生缺乏爱心。学生的学习压力已经很大了，我们首先应关心他，而不是在课堂上故意刁难他，让他处于尴尬的境地。只有热爱学生，才能走进他们尘封的心灵天地，才能更好地引导教育他们。当代教育家朱永新指出：做一个受欢迎的好教师的第一要素就是要换位，即善解人意。（《新教育之梦》）让我们记住陶行知先生的一句名言吧："没有爱就没有教育，爱是教育的基础和前提。"

孩子，当你在课堂打瞌睡时，我会将你轻轻地唤醒。

难得糊涂

◇ 曾庆培

一日，我让学生听写词语。坐在后排的李雪同学边写边不时地抬头用眼睛看我，犹如鸡啄米一样。我心中雪亮：他一定是在照书抄！李雪是一个基础差、又不认真的同学。我有点儿生气了，但却不动声色。果然，作业一改完，便真相大白了：李雪100分，而整个班上获此成绩的仅仅6人。我依然不动声色。第二天上课，我搬着那一叠听写本来到了教室，一眼瞥见李雪见到我便抓耳挠腮的很不自在。我往讲台前一站，发话了：今天我要特别提出表扬的是李雪同学，他的听写得了 100 分。下面立刻响起了意料之中的议论声，我故意装着没听见，扬声道：士别三日，当刮目相看，你们有谁不服气的就同他比一比，以时间作裁判，看最终的胜利属于谁！希望这 100 分能成为李雪同学的起点，鼓掌祝贺！后来李雪果真换了个人似的。

林珊是我班的学习委员，但一年前却出现了一个不好的苗头：一些厚薄不一、但笔迹相同（信封上）的信笺雪片似的飞到了她手上。有着十几年班主任工作经验的我自然清楚是怎么回事。

在同其他同学闲聊中，我更加清楚了林珊正在向早恋的漩涡靠近。于是，我单独找到了她。我说："我教书这么多年，你永远是我最信任的学生之一。眼下，老师要你帮一个忙。""老师还有什么忙要我帮，不是开玩笑吧？""不。真的。老师最近了解到班上有些同学有点儿陷入感情误区了，但又不敢肯定，也不好开口。你作为他们的同学和最受他们欢迎的干部是不是该帮我挽救一下他们？"她点了点头，脸，微微泛红。"那就算答应了，我相信你能够做得比我好。因为你清楚，你的成绩之所以一一直不错，就是没有分神。"大约半个月后，林珊几乎再没有收到信了。

这几年，我带音、美特长班。学生特别追求个性张扬，而且有不少另类思想和表现。譬如不爱卫生，搞得教室满地垃圾他们反而认为是一种"艺术家"的特有表现。我在班上也不止一次地宣布并实施过乱扔垃圾的处罚制度，但没有效果。严军是最爱丢纸屑果皮的学生之一。那一天，我远远地看到他将一团废纸丢到了走廊上。按说，这是处罚他并以儆效尤的好机会，还有什么比我亲眼见到更有说服力呢？可是，我一想，我能不能天天监视着他呢？显然不能。于是，我有意识地延迟了一会儿才去教室，刚到教室门口我便故作惊讶地看着地上说："这么干净的地面上怎么又冒出了这么一团'解手纸'，肯定是哪位素质特低的过路学生干的……严军！"我声音一下提高了。"我没有。"严军忙申辩道。"肯定不是你，你是个爱卫生的同学我早有耳闻。所以我今天特地提拔你做班上的卫生监督员，在这方面，你的权力至高无上，以后我们班的卫生就看你的了……"我话还未说完，他就急忙走到纸团前弯下

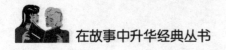

了腰。以后的情况大家不难想象。

给孩子轻松的心情

◇ 徐 莉

中午吃完饭，我习惯地到教室随便转转。一进教室，马上有好几个学生围了上来，叽叽喳喳开了："徐老师，范敬羿他爸爸说他拿了妈妈皮包里的100元钱，现在被沈老师叫到办公室去了。"我吓了一跳，上一次这孩子带了50元来，他说是自己的压岁钱，我让他带回家保存好，这一次怎么居然带了100元来了？而且是拿了妈妈的钱？

我快步来到教导处，只见他爸爸已经来了。这家伙呢，正低着头，接受沈老师的询问。

"有没有拿你爸爸的钱？""告诉老师，小孩子一定要诚实。""如果你拿了，能承认也是好的，向你爸爸道个歉，好吗？"不管沈老师怎么苦口婆心，他只是一言不发。

他爸爸在一旁气得直摇头。我连忙插上话："怎么回事，告诉徐老师好吗？"还是没声音。他爸爸于是拿出了手机，威吓道："你要是再不说，那我只有打110了。"谁知他却是软硬不吃！旁边的杨老师实在看不过了，也过来好言相劝："快说吧，要不警察来了就会把你抓去的。"只见他额上渗出了汗，看得出他显然害怕了，但还是保持着沉默。

我知道，他是不会说的了。教导处有这么多老师，还有他爸爸，给他的感觉简直是四堂会审嘛！他平时就不太爱说话，这时候尽管他心里害怕，但他还是不愿意说出来。

怎么办呢？这样的场合，再耗下去也是无济于事的。于是我给了他一个台阶："徐老师知道，范敬羿平时就不太爱说话，但是却喜欢把要说的话写下来，对吗？"还没等他回答，我就拉着他匆匆"逃"离了教导处。

到了教室，学生们都围了上来，纷纷打听："范敬羿怎么了？""他是不是拿了他妈妈的钱？"我制止了他们。我知道，这时候他特别敏感，如果伤了他的自尊心，那他的抵触情绪会更强烈。于是我轻描淡写地说："没什么，不要瞎猜。范敬羿只是想告诉徐老师几句悄悄话，对吗？"他点了点头。"愿不愿意写下来给徐老师看呢？"他居然微微一笑，显然知道我的用意了："好的。"

于是，叫他拿上纸和笔来到我的办公室，我搬过一张凳子，让他坐在我的位置上。"你慢慢写，徐老师等会儿再来看你，好不好？""好的。"

我故意到外面去遛了一圈。十分钟后，回到办公室，我看了看，他还在那儿咬着铅笔头冥思苦想。只见他写道："今天，我在妈妈皮包里拿了100块钱，本来我想买一支活动铅笔和一些文具的。后来我想了想还是没花掉。我知道我拿妈妈的钱是不对的，但我就是……"没写完，他拿着纸对我说："我不知道该怎么写了。""那你想说什么呢？能告诉我吗？"

这一回，他倒是很爽快的："我知道自己做得不对。""那你以后还会不会再拿爸爸妈妈的钱呢？""不会了。""对啊，如果要买文具可以告诉你爸爸妈妈，不能随便拿爸爸妈妈的钱。没有得到他们的同意随便拿钱，这叫什么？""叫偷。""嗯。老师知道你是个好孩子，你能保证以后不会再犯这样的错误了吗？""能！"他边说边用力地点头。"那今天回家该怎么做，知道吗？""知道了。"

呵呵，我不禁笑了。为什么刚才在教导处他一言不发，而在我们办公室却又和盘托出呢？这主要是气氛不大对劲！一进入教导处，他就有一种被审问的感觉，被爸爸追到学校，被老师叫到办公室，他仿佛成了一位被审问的犯人，无形中这种沉闷的氛围压得他喘不过气来，于是哪怕是被逼得满头大汗，他还是以沉默对抗。而我把他拉出来，可能也使他感觉到了一种"释放"，心情也随之轻松了。教室里，我又为他解了围，以"告诉徐老师几句悄悄话"这种方式代替了老师的审问，更使他对我产生了信任。到了办公室后，他反而会坦诚相告，更愿意把事情的经过写出来。但最主要的是，给孩子一个宽容的氛围，给孩子一份轻松的心情，这样，他才会对你敞开心扉。

黑板上挂上了我的"遗像"

◇ 卞幼平

有一年，学校决定让我中途接手一个普通班（其实就是班风学风比较差

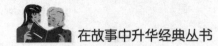

劲的班）的班主任工作。我知道，这个班的学生是很难管的，他们中不想学习的多，爱恶作剧的多，结果，原来的班主任"伏"不住这帮孩子，任课老师都怕上这个班的课。

这不，第二天，当我一踏进教室，学生就给我送来了别样的"见面礼"。在一些学生的哄笑声中，我发现，黑板上白粉笔简简单单画了一个人的头像，下面写着这样一行歪歪斜斜的粗体字：

敬爱的卞先生永垂不朽！

我先是一愣，随即便是怒发冲冠。正要发作之时，我立即劝诫自己，初来这个差班，一定要冷静。但凡这样顽皮的学生——敢这样拿教师开心的学生、一定领教过教师过多的"凶狠"与"威势"的学生，他的心里早已筑起了坚固的"拒批"长城。很快，我便这样自我解嘲地开场了：

"看了不知哪位同学给我画的像，我感到同学们已经知道我将要接手我们这个班了。这说明同学们对学校是关心的，对我这个老师事先是作过一些了解的，因为我还没有作自我介绍，你们中的有些同学就打听到教师的一些情况了。有了这个基础，我相信我们这个班是能搞好的。只是给我画这个像的同学喜欢开玩笑，他当真的就希望我死掉吗？我相信我们在座的每一位同学都不希望我死，而是希望我和大家一起搞好我们这个班，在短时间内迅速改变面貌，让学校让别的班从此对我们刮目相看！"

说到这里，教室里没有声音了，我知道我的话说到了他们心坎上。有好几个同学头低了下来，我估计画"遗像"的学生就在这当中。

接下来，我说："说老实话，给我画像的这位同学还真有艺术天赋。你们看，他在美术上还有点才能，虽然画得不像，但能把男的画得像男的，这一点还不错。如果这位同学在文化学习上能像画画一样有特长的话，我想日后他会有出息的，特别是在绘画上一定能取得成就。不过，这位同学把我的姓'卞'给误写成了'卡'了，要知道，百家姓是没有'卡'姓的。我初来我们班，我决定我们班的黑板报从今以后就请班上的宣传委员、学习委员和这位同学三个人出，大家看，好不好？"

"好！"教室里喊成了一个声音。

第二天，给我画像的小强就主动来到办公室，向我承认错误，我宽慰并趁机教育了他几句。后来，他真的把班级的黑板报办得像模像样的，在学校检查评比中获过好几次奖呢。这大大增强了同学们的集体荣誉感，找回了他们长期以来丢失的尊严。我当然在他得意之时，也不忘提醒他注意自己身上的弱点。实践表明，这样的教育，对于小强这样的学生效果是明显的。

在后来的学习中，像小强这样的学生，我总是不失时机地鼓励他们几句，把他们身上的闪光点放大并高悬。就这样，在不到一个月的时间，班风有了明显的好转，任课教师都说，现在上这个班的课不感到头疼和害怕了。更使我感到欣慰的，小强后来在我的鼓励之下，选择上了高二分科的美术班，两年后他考上了一所大学的广告装潢专业。

由这我感到，在日常教育工作中，当师生发生了纠纷与冲突时，为师者一定不要试图以制服学生为单一的思维模式，要讲究迂回艺术，以柔克刚，特别要注意因势利导，善于化腐朽为神奇。

课堂上飞来美丽的小鸟

◇ 许　丽

星期天，有时候我会应小舅舅的"大力邀请"帮表弟蓁蓁辅导一点功课。小舅舅说教蓁蓁语文的管老师对孩子有点放任，其实，从蓁蓁反馈的情况看，我觉得她是一个很不一般的老师。这次，见到了蓁蓁的一篇作文，题目是《课堂上飞来美丽的小鸟》，我的兴趣立即被激发出来：管老师是怎么处理这么一起令人意想不到的事件呢？

当书声琅琅的语文课堂上突然飞来了一只美丽的小鸟时，孩子们的注意力一定全都被吸引住了。也许有的孩子情不自禁地离开座位去抓小鸟，有的则大声喊叫，小鸟一时又飞不出去……顿时，教室里乱作一团。要是换了我，也许除了训斥，就只有干着急了。因为我知道，糟了，这堂课就这么被一只"不速之客"给打断了。即使鸟儿飞出去了，可孩子们的心思一定也跟着飞出去了，底下他们还会好好地听讲吗？

"可我们的管老师一点都没生气。"蓁蓁津津有味地给我讲了接下来的故

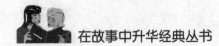

事，于是，一节鸟语花香的课堂仿佛在我眼前浮现。

看见小鸟飞进了教室，管老师反而幽上了一默："你们看，连小鸟都想来参加我们的学习了，原来学习是多么有趣、多么有吸引力呀。"看见了孩子们的好奇，她微笑着说："哎呀，这只小鸟真漂亮，如今可难得一见呀，大家就仔细欣赏一下吧。"看见了小鸟的惊慌，她吩咐小朋友们安静下来："不要把鸟儿给吓坏了，让我们把所有的门窗都轻轻地打开，看看小鸟是怎样飞出去的。"此时，管老师注意的似乎不是对教材内容的思考，而是对学生思维情绪的关心，她轻轻的几句话，马上就把孩子们由盲目，猎奇引向了对事物的观察与情感的体验上："小朋友们都知道鸟类是我们人类的朋友。不久前，老师看到过这么一个感人的小故事：在澳大利亚网球公开赛上，一只小鸟突然飞进了赛场，撞上了一只正飞着的网球，掉下来了。击中小鸟的运动员立即停止了赛事，跑到小鸟前双膝跪下……"接下来，她索性就地取材，给小朋友们布置了一道现场作文："同学们既然对小鸟这么感兴趣，可不可以把它写下来呢？写一写小鸟飞进教室、在教室里盘旋、再飞出教室的过程，题目你们自己定，可以是《一件突然发生的事情》，也可以是《一只迷途的小鸟》，等等。"在这样的情境下，鸟儿成了最好的教具，一堂生动的作文课由此开始了。孩子们一边仔细地观察，一边小声地议论，管老师不时地给以指导。我可以想像得出，孩子们的兴趣和需要得到了极大的满足，师生的情感交流在积极的情绪状态中得到了有效的发展。"你们看，它越紧张就越不容易飞出去，所以我们碰到了意外，别心慌，只要冷静地想一想、看一看，也许很快就会找到解决的办法。"小鸟似乎也听懂了管老师的话，在一阵慌乱过后，慢慢地盘旋了几圈，终于从窗口飞出去了……

我对小舅舅说，你的孩子遇到了这样"放任"的老师是多么幸运。她打开的一扇窗，既让小鸟回到了自由的天空，也给孩子们的心灵以天空——我从蓁蓁作文里面对小鸟活灵活现的描述中发现了这扇窗口的美丽。

很想找个机会去听听管老师的课。因为她的课堂上，有群机灵的小鸟在快乐地飞。

我请打架的学生吃饭

◇ 胡清华

5月13日下午第三节课是体育课，下课后我正要去带第四节的自习课，在走廊看到我班的季勇和冷士佳，季勇告诉我，体育课上陶洁敏打了他一个耳光。当下我让他说了一下事情的经过，看来是陶的错，我让冷去叫陶。

陶洁敏来到办公室，一副气呼呼的样子，我问他为什么打人，他说："我要打他也不是一天两天了。"我问他原因，他却说："今天我不说，明天晨会课上，我跟大家说。"我也生气了，说："我是班主任，难道你打了人，我连了解一下情况也不行？"陶说："你问他呀。"边说边用一种恨恨的眼光看着季勇，仿佛眼里要射出飞箭射杀季勇。我怒极反笑，说："陶洁敏，你哪还像个男孩子？动手在先，还道理十足，好像替天行道似的。明明自己错了，还不认账！快说，为什么打人？"他这才讲了事情经过。究其原因不过是大家都年少气盛，谁都看不得别人比自己狂妄。

如何处理呢？就事论事，自然是陶的错。但从我对他们的了解，觉得作为男孩子，他们平时的为人处世都过于小心眼。我如果道貌岸然地批评陶洁敏几句，终究不能将问题根本解决。看看时间，我要去上晚自读了，就说："你俩先在这儿聊聊，都是同学，又没有杀父之仇夺妻之恨，把自己的观点都摆一摆。"然后我就走了。

当我回来时，他俩正聊得起劲，我说："走，我请你们吃饭，边吃边隐秘聊，疙瘩都解开就好了。"他俩起初不好意思，硬被我拖走了。

没想到，在小饭店里，先是遇到我们学校的高万祥校长，然后副校长顾逸飞也来了。我心想："怎么搞的？难得请学生吃饭，老天却非要让我在校长面前露把脸？"校长们也对两个学生"关照"了一番，看两个孩子的表情我知道，他俩也觉得不好意思：自然是出了问题才到这儿来的。

随后我们边吃边聊，我谈了他俩存在的问题，还在有意无意中说出我对班上一些男同学的欣赏，希望他们能学学。

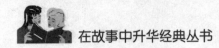

临走时服务员说校长已经替我结账了，我非常不好意思，两个学生也说校长挺能为老师着想的。我说："校长自然是舍不得让班主任掏腰包，他能帮就帮，但你们也要自觉点。每个班隔三差五地来这么一下子，校长还不穷死了呢。现在吃饱了，是不是觉得事情并没有当初那么严重？俗语说'饥饿的人是愤怒的人'，现在气平了吧？"他俩讪讪地，说不出什么。我说："好了，以后三思而后行，别那么冲动。"

现在的学生喜欢讲理和随和一点的老师，跟他们板起面孔讲大道理，毫无用途。作为教师，讲究教育艺术和教学艺术，除了有益学生，也能给自己带来快乐啊！

我的疏忽保全了一颗自尊心

◇ 袁富杰

这是发生在我们班级的一件事情。那是在期中考试最后一天的上午，我上完早操刚回到办公室，我们班级的一个女生就进来了，她表情很难看，我想一定是发生了什么事情。果然，她说："老师，昨天我的手机丢了！"当时我就一惊，因为手机属于贵重物品，这样的事情发生在学校里影响是很坏的。于是我就先仔细询问了具体的细节。她说是放在宿舍的柜子里面的，但是柜子没有上锁。我听了之后，就很生气了，于是在情绪上有一点责怪她的意思，是自己保管不当！而且还有一点，在我们学校里面，我们是不主张学生带手机上学的，几个方面交叉到一起，当时我的态度并不太好。但是学生已经发生了这样的事情，无论如何，这也是一起涉及金额比较大的事情，是不能够掉以轻心的。因为这涉及整个学校的声誉问题。

因此最后我还是在了解详细情况后，就让她回去了。

但是后面我的做法真的是让我自己现在都觉得很愧疚。因为是早上考试，当天上午又是提前考试，我是监考老师，在考试之前还要安排一些班级里面的事情，无暇顾及此事。中午也是提前考试，根本就没有时间让我调查。下午考完试，因为高三的学生急用教室进行口语测试，因此也没有时间让我思考和处理这件事情。一直等到他们全部放学回家后，我才想起了这件事情。但是已经晚了，已经错过了最好的处理时间。

晚上，这个学生回家之后，把事情就告诉了家长，家长打电话来询问情况，我没有任何的理由说明，只能够把情况描述一下。我自己觉得很尴尬！

几天后，这个女生来到办公室，告诉我，上次丢的手机已经找回来了。前一天晚上她回宿舍的时候，发现手机已经放到了她的床上。当时我也一直在想这是什么原因呢？

偶然有一天早上，我发现办公室门口塞着一张纸条，上面写着这样几句话："感谢老师，您没有及时追究丢手机的事情。因为如果查出来的话，我将会永远……老师，忘记这件事情吧，我会明白自己的行为的。你也不必知道我是谁了！一个迷途知返者。"

我看着这张纸条心想，因为我的疏忽没有及时处理这件事，但却由此保全了这位学生的自尊心，甚至是挽救了一个少年。我想，在他的一生中，这件事情对他的影响应该是深刻的。

我们的教育并不能够解决所有的问题，像这个问题我们不教育，反而取得了更好的结果。当事情发生之后，我们一定要学会冷静处理，给学生一个缓冲的机会，让他自己迷途知返，有时这样处理效果反而会更好。

真情的力量

◇ 章　艳

班级中除了我抑扬顿挫的声音在教室里飘荡外，还有孩子们在默写时"沙沙"的笔声。再过几天就要进行第一次模拟考试了，心急如焚的我带领着学生们向语文基础知识进军，现在已到了最紧张的时候。我用目光扫视着整个班级，看着每个学生都在埋头认真书写着，心中涌起一股满足感。

但当我向左边角落看过去时，却发现仇子良同学正用两只圆珠笔奋笔疾书着，直觉告诉我，他正在做其他学科作业。"他竟然敢在默写时做其他事情！"气愤难耐的我大踏步迈了过去。

仇子良正沉浸其中，丝毫未察觉我的到来。直到我到他身旁伸手拿本子时，他才如受惊的小兔迅速抬起头来，握笔的手僵在那里，不知所措。果然，摊在上面的是英语本，语文默写本搁在下面，一字未写！一股无名火直窜向我的胸口。一瞬间，我有股冲动想当堂撕掉他的英语作业本，以示警戒。

但心中有个声音告诉我：控制住怒火，你应该还有更好的方法处理这件事。我深深吸了一口气，拿走了仇子良的英语本，不动声色地走向别处，并没有惊动其他同学。待我再看向仇子良时，只见他趴在桌子上！他用沉默进行对抗。我明白，此时不是教育的时机，我决定按兵不动，待课后再解决。

下课后，我把仇子良叫到了办公室，一场漫长的对峙开始了。我不语，盯着仇子良；他也不说话，头撇向一边，一脸无所谓的样子，室内气氛凝固了。我该怎么做？拿老师的威严严惩这件事，义正词严地罚抄？事情也许很快就会解决，但能使学生真正心悦诚服吗？能让他今后积极主动学习吗？

我又想起了初一刚开学时的一天傍晚，因他屡教不改，我要求家访时，他急得跳了起来，全然不顾后果地破口大骂，事情弄得不可收拾。这是个比较特殊的学生，父母晚年得子，教育方法不够妥当，以致学生的个性比较偏执，行为比较幼稚。如何教育他一直是比较难办的事情。

突然，我灵机一动，对！从他年迈的双亲入手！人非草木，孰能无情？"今天老师不想惩罚你，但你要好好反思一下，今天你做错了什么？"我比较柔和地说，打破了室内的沉寂。准备承受我严惩的仇子良愕然地抬头望着我，依然不语。

我并不期望他马上说话，继续说道："再过几天就要考试了，老师如此辛苦地复习究竟为了谁？为了什么？你是一个徘徊在及格线上的学生，但老师却从未放弃你，也从来都相信你肯定能够及格。为什么老师都未放弃，你却轻言放弃呢？你甘心吗？"

仇子良的头慢慢地低下去，还是不语。

我知道自己的话已经起到了一定作用，继续说："其他同学的父母都只有四十几岁，而你爸爸妈妈都已六十多岁了，年迈的双亲靠着微薄的退休工资抚养你，供你读书容易吗？你已经过了幼稚的年龄了，是否该好好思考一下该怎么做呢？"

仇子良抬起头，微红着眼眶说："我错了，老师！我今后会好好读书的。"

我终于以真情打动了学生，教育了学生。这件事让我明白了一个道理：再顽劣的学生，老师只要能打开他情感的缺口，就能达到比较理想的教育效果。

"肥皂水"里的智慧

◇ 许　丽

有两个年轻的女教师愉快地走进各自的教室，一个发现黑板上画着一个人头像，上面写着"××（老师的名字）遗像"四个大字；另一个发现教室的墙被涂成了黑色。

看起来，一场暴风雨就要降临在这两个教室了。且看两位老师的表现。

A老师面带笑容对着画像欣赏了一下，转脸环视全班，平静地说："画得很像我，字也写得不错，可是多写了一个字。"当她从学生表情上认定画像是王小虎的"杰作"之后，点名提问了他。王小虎回答，多了一个"遗"字。"为什么呢？"老师追问。"因为老师还没有死，所以不是遗像。""回答得好！"老师微笑着点头赞许。

B老师也面带笑容对着那堵黑墙欣赏了一下，诚恳地说："我很高兴，我们班有这样一位幽默的同学。这位同学非常聪明，非常有创造力。这么多年了，没有一个人想到把墙刷成黑色，可是我们这位同学想到了。我相信这位同学将来肯定会有大出息的。而且，我也相信，这位同学既然能把墙刷成黑色，那么，他肯定也能把墙还原成白色。让我们用掌声来表示相信他。"第二天，墙又变白了。

教室里顿时云开雾散、风和日丽。然而对那两个淘气的孩子来讲，却应该是于无声处听到了惊雷。这两个教师的成功之处就在于懂得用涂"肥皂水"的方法来达到自己的目的。

柯立芝于1923年登上了美国总统宝座，他有一位女秘书，人虽长得不错，但工作中却常因粗心出错。一天早晨，柯立芝看见秘书走进办公室，便对她说："今天你穿的这身衣服真漂亮，正适合你这样年轻漂亮的小姐。"这几句出自柯立芝口中的话语，简直让秘书受宠若惊。柯立芝接着说："但也不要骄傲，我相信你的公文处理也能和你一样漂亮。"果然从那天起，女秘书在公文上很少出错了。一位朋友知道了这件事，就问柯立芝："这个方法很妙，你是怎么想出来的?"柯立芝得意洋洋地说："这很简单，你看见过理发师给人刮胡子吗? 他要先给人涂肥皂水，为什么呀，就是为了刮起来使人不痛。"

一个人想永远不与人发生冲突，这是不可能的。对待冲突，有人宁折不弯，结果是与人斗得两败俱伤；有人喜欢妥协退让，不管自己的想法对不对，这种人没有个性，很难在事业上获得成功；还有一种人像柯立芝一样，崇尚"肥皂水"哲学，让对方在一种温情脉脉的情绪中接受他的建议。

学生需要关爱，需要宽容，这是被大家认同了的真理。容许别人有犯错的空间，不必当众羞辱他或撕破脸，毕竟，有"弦月之憾"，才有"满月之美"呀! 但宽容并不代表着放弃，更不代表着放纵，那样的结果也许只会使犯错的孩子得意忘形、得寸进尺。要做到真正地关爱学生，让宽容结出累累硕果，还需要一种独特的教育智慧。

人都有一贯的"思维模式"，也常被过去的想法所"制约"；但我们也可以打破以往的思考和观念，让自己在沟通的方式上，有新的尝试和突破。上文中两个老师在遇到孩子犯错时，并没有立即"拆穿"和"点破"，或公开指责孩子、让孩子难堪；相反的，她们拥有平和的心态和冷静的思路，用委婉的方式、不露痕迹的暗示，让孩子知晓过错，促使其觉悟，进而达到自律。也许，这才是真正的教育策略，也才能真正体现出教师高超的教育艺术。

这，不是退却，而是以退为进、"化敌为友"，让孩子不羁的心灵，在这个机智的时刻，进入到柳暗花明又一村的新境界。老师就是要做这样的"引导者"，而不要做"强势指导者"或"命令者"! 因为有创意、有耐心、循循善诱的引导，往往更有助于孩子们的自我成长。

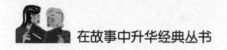

他不再踹板凳了

◇ 韩彩红

个子高高的、校服干净整洁、白皙的脸上戴着一副近视眼镜、走起路来连蹦带跳，他就是初二（2）班的周加龙同学。他学习成绩差，行为习惯也差，可算是这个班的"问题学生"了。用他父母的话说，这个孩子从小就多动，无论是幼儿园，还是小学，没有一天不被老师批评的，或是请家长的。生了这样的孩子，他们也没有办法。他每天到校上课，带给其他同学的都是恼人的烦透了的捣乱、无奈，甚至是身体上的伤害。动辄把饮料倒在同学头上，把美工刀片弄碎去划割同学的衣服，严重的用自带的气枪打同学的眼睛等等，这些恶作剧几乎天天发生，有时一天要发生好几起。我们班有这样的学生，我也是头痛的。最不能让人容忍的是，他每次犯错误的时候，不但不接受老师和同学的批评，还会大发雷霆，在教室里喊来喊去，胡乱地踹板凳，一踹就是四五只凳子，它们全部倒在地上，教室狼狈不堪，弄得老师也很没有面子。

经过几次这样的"发作"，我分析了问题后面的原因就是他对老师的不满。由于对老师不满，才导致他不接受老师的批评和教育。针对问题所在以及该生的上述个性特点，我决定采取"冷处理"的办法，来应对他的暴躁行为。

每次他这样"发作"时，我就把他请出教室，叫到办公室，让他坐在板凳上冷静一段时间，在这段时间里，让他好好回想一下刚才自己的所作所为，待他的情绪回到正常状态时，我就要求他把事情的经过用文字写下来，并且署上时间。

我之所以这样做，原因有二：一是让他在写事情经过的时候，好好分析自己的是与非，如果他能正确地分析评价，就说明他对所犯错误已经有了认识。即使老师不批评他，他已经知道错了。二是在他每犯一次错误时，就写事情经过，看他在一段时间内，究竟能犯多少类似的错误，过段时间进行统计，看他是进步了还是退步了。由于他学习基础较差，许多汉字写不上来，他便边写边查字典，"写经过"这件事对他来说好比登山，要付出"辛苦"。几次这样的犯错误，几次这样的"写经过"，连他自己也觉得烦了，也觉得该少犯错误了，因为他不喜欢在办公室写材料的感觉。这就说明周加龙同学初步有了进步的意识，不管是主观的还是客观的，终归是少犯错误为好。

有了这样的思想基础，进而我又对他进行爱护公物的教育。我耐心地把学校的规章制度讲给他听，告诉他故意损害公物，要受到学校的纪律处分并由其进行经济赔偿。起初他并不接受这种处理办法，我就利用下课时间多次找他谈话，同他谈心，晓之以理，动之以情，我以平等的心态看待他的错误。既表扬他的优点，如个人卫生好、从不买零食等，又指出他自身的错误，让他对自己充满信心，相信自己完全有可能改掉这些坏毛病。慢慢地他开始有了主动调适心态的意识，由"受够了我的教育"到"能接受老师的批评"。这时我对他说："凡事要严于律己，宽以待人，与同学发生矛盾时，要多检查自己，不要过多指责对方，有了错误及时改正才是好学生，并把这句话背下来，记在心里。"他友好地答应了我，决心改掉"欺负同学"、"在教室踹板凳"的坏习惯。

经过两个月的观察和反复的批评、谈心、说服、帮教，他真的再也不和老师吼了，能心平气和地同老师进行交谈，而且犯错误的周期也变长了，踹板凳的次数也减少了，由原来一次踹四只板凳，减少到踹两只板凳，再到不踹板凳，教室的板凳完好无损。同学们都说周加龙进步了，我发自内心地为他高兴。

从他的转变中我意识到无论是"以学生发展为本，注意内因启动"教育方法，还是"以情动人"、"击中要害"、"发现闪光点"、"允许反复"，强调的都是唤起他们内在的积极因素，尽量挖掘他们自身的"潜力"，使之主动地接受外界的积极影响，并把它转化成自身的"营养"，成为进步的内在动力。这都充分体现德育过程中以学生为认识的主体、学习的主体和发展的主体的教育思想。

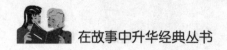

"后进生"的零重量

◇ 陈叶华

学生都希望能拥有良好的学习成绩和能得到他人真正的关心，作为学习不理想的"后进生"就更是如此。

班级中曾有这样一个学生，他整天都是心不在焉、闷闷不乐、愁眉苦脸的样子，可又不把任何事情放在心上，在学习上也是典型的后进生，经常是大红灯笼高高挂。为了能使他的学习成绩有所提高，也为了使自己有面子——及格率能达到100%，我便利用一切可以利用的时间来帮他补课。

可他并不领情，很多的时候都是极不情愿的样子，并且是越辅导越差，自己的耐心也随着他的愚顽不化而烟消云散。为什么辅导一个后进生就这么难呢？想就此彻底地放弃，却又时时得面对良知的敲打而于心不忍，况且对于一个家庭来说，放弃一个就意味着放弃一代人。可到底该怎么办呢？

很偶然的一天，自己在翻阅一本杂志时，不经意间读到这样一则耐人寻味的感人故事，压在我心头的阴霾顿时消失得无影无踪。故事是：

一位教徒去朝圣。路途非常遥远，山路非常难行，空气非常稀薄，他虽然携带很少的行李，但沿途走来，还是显得举步维艰，气喘如牛。他走走停停，不断往前遥望，希望目的地赶快出现在眼前。就在他的前方，他看到一个小女孩，年纪不会超过10岁，背着一个胖嘟嘟的小孩，也正缓缓地向前移动。她气喘得很厉害，也一直在流汗，可是她的双手还是紧紧呵护着背上的小孩。

教徒经过小女孩的身边，很同情地对小女孩说："我的孩子，你一定很疲倦，你背得那么重。"小女孩说："你背的是一个重量，但我背的不是一个重量，他是我弟弟。"

读罢故事，我对自己在帮他补课时的做法和心理进行了深刻的反思，在反思中也明白了自己的问题所在：为了使他的学习成绩有所提高，自己的心情是很急切的，很多的时候都是把他看作是一个一无是处的后进生，对他求全责备，动不动就责骂他，完全将他置于自己的对立面，总从自己的角度来要求他，希望他能在很短的时间里就有脱胎换骨的变化。可结果却事与愿违，这正如故事中的小女孩所说的：自己背负的是一个后进生，而不是一个活生生的人，不是一个让自己发自内心去真正关心的人。在面子前，我失却了平常心。自己为什么就不能把他看作自己的一个亲人或好朋友呢？

明白了自己的问题所在，也就找到了解决问题的钥匙。再帮他补课的时候，自己就多了一颗平常心，对他所犯的错误也能心平气和地对待了。真的是"教师的心无法隐藏"，敏感的他很快就觉察到我对他态度的转变，他对学习的认识也随之有了一定的变化。我们在一起时还能时不时地就一些问题聊聊，他那一向紧闭的心扉也开始开启了，我对他的了解也渐渐地多了起来。

原来他父母离异，他跟了父亲，可父亲又长年在外，自己的生活由后妈照料，可后妈对他漠不关心，还经常冷言冷语。他怕回家，也从来没叫过她一声"妈"。由于家庭的影响，他渐渐变得自暴自弃了，对什么都无所谓。每当他谈起这些的时候总是一脸的无奈，可又渴望能像同学一样幸福。为了使他也能感受到家庭的温暖，我对他进行了家访。经过真诚的交流，他和后妈的关系好转了。上学时的他也变得精神抖擞、神采飞扬了，学习成绩也自然有了很大的提高。

对这样缺乏家庭温暖的后进生，教师应该是温暖的火把，适时地点燃他们那渴望腾飞却又孤寂的心。

别将差错放大

◇ 冷学宝

笔者在某校监考，发现某班黑板的旁侧，粘贴着厚厚的一沓检讨书。下课后，一张一张揭开来看时，发现学生检讨的内容真是五花八门，有因为家离学校远自行车在半道上坏了迟到的，有因为一不小心打碎了玻璃的，有因为做值日时被查出走廊里还有一张纸片的，有因为和同学发生口角的，有因为考试成绩离老师的要求还差了两分的，凡此种种，不一而足。数一数，这些检讨书竟有三十二张之多。

更令笔者感到诧异的是，这些检讨的学生中，即使是因为家在十几里外自行车坏了又由于天还没亮而找不到人修（初二的学生早晨六点钟就要上自习，冬季也不例外）而迟到了两分钟的，也没有哪一个人能态度坚决地声明自己并不是主观地想犯"错误"，而是无一例外地将自己的"错误"行为提升到思想认识和道德水平的高度来加以"批判"，很有些从灵魂深处深刻反省并自我清算的味道。读着这样厚厚一沓用胶带粘贴在墙上的检讨书，不光没能激起我对那位要求学生检讨的教师（虽未曾谋面，但笔者推测可能也应该是班主任吧）所谓"负责任"的做法的敬意，相反的，我的心却陷入了少有的沉重之中。

诚然，我们这些肩负着教书育人重任的教师，理应对学生的错误进行必要的矫正。但是，我们也必须防止教育的矫枉过正给学生的身心造成伤害。特别是在学生的行为中仅仅出现了一些比较小的差错时，正是由于所谓的要负责任，我们的着眼点才往往会只停留在"物"上，即重视学生的错误本身和对错误行为的纠正上，却忽视了对学生作为"人"的关注，漠视了学生心理的健康成长这一更为重要的隐性目标的实现。特别让人不能理解的是，教师有意无意地把学生的差错放大，还会被认为是对学生负责任的表现而加以提倡。其实，正是这种不应该有的将过错放大，才掩盖了对学生伤害的实质，以致将以人为本的教育理念落实为自己的教育实践的美好愿望，落入了流于形式的怪圈里，甚至沦为一句空话。

以笔者的愚见，这三十二张肯定会给学生带来不安、紧张和恐惧的检讨书，绝大部分是可以不写的。因为，这些过错的本身并不大，有的甚至还不能算作是学生的过错。但这些检讨书的存在，却将学生的小小过失和错误放大了，并定格在学生的记忆里，如梦魇一样摆脱不掉。应该说，一次意外的迟到，一回可以算作是平常的口角，一回玩耍时的不小心，一次没有获得预期那样大的进步，对于自控能力和辨别能力相对较弱而又正处在成长中的青少年学生来说，简直就是天经地义般的不可避免。如果这也成为要他们检讨的理由，那么，该检讨的就不仅仅是学生，而首先应该是我们这些教育工作者了；试想一下，那些写了检讨的学生，每天一抬头就看到了自己的检讨书在展览示众时，心里该是怎样的滋味？难道我们的教育只剩下惩戒这一杀手锏了吗？如果还停留在原有的教育模式里，那么，新课程所强调的要让每一个学生都能体验到学习的快乐和享受到生活的乐趣的目标，又怎能真正地实现？

教师，请善待学生

◇ 苏 凌

有人说，没有惩罚的教育是不完整的教育，只有惩罚的教育不是教育。我很赞同，教育需要激励与鼓舞，也需要适当的惩罚。正如教育家马卡连柯所言："合理的惩罚制度有助于形成学生坚强的性格，能培养他们抵挡诱惑和战胜诱惑的能力。"

可是惩罚一旦过了头，变成了粗暴的斥责或野蛮的体罚，将会给学生造成莫大的伤害。在我的记忆中就有这样难忘的镜头：讲台前，一个短头发、圆脸蛋的女孩子正被老师训斥着，"大家看看，还是女孩子！字写得东倒西歪，太不像话！"老师一手抓着女孩子的肩膀，一手举着一本拼音本，本子上大大的红叉触目惊心。"啪"的一声，本子被愤怒的老师撕碎了。女孩子没说话，也没有动，大大的眼睛含满了委屈、害怕的泪水……

相反的，老师亲切的鼓励和真诚的表扬，则会永远温暖着学生的心。我的记忆中也有同样难忘的一个镜头：这是一节公开课，讲台上是一位有着两条乌黑大辫子的年轻女老师。"哪位同学来朗读？对，小手举高点。"她微笑着说。"你来读。"她信任的目光落在那个短发圆脸的女孩子身上。女孩子站起来，紧张得不知所措。"别紧张，你能读好的！"女老师的笑容感染了女孩子，她勇敢地开始朗读，渐渐地，越读越流畅，越读越动情，听课的老师禁不住报以热烈的掌声。"请坐下，你读得真让人感动！"女老师温柔地说……

　　那个短发圆脸的女孩子就是我。我不知道自己小时候为什么总写不好字，只知道从那时起我就对自己的书写感到很自卑，至今也没有练出一手好字。正因为那个大辫子的语文老师的鼓励，我比以前更喜爱朗读，也不再害怕在众人面前说话。长大以后做了老师，我不仅能绘声绘色地给学生讲故事，而且能从容地面对全校一百多位老师上课。

　　切身的经历使我认识到，老师对学生的评价有多么重要！学生是在老师的评价中认识自己、发展自己的。其实，人对自己的认识，首先是从别人对自己的评价和态度开始的。老师正确的评价，将帮助学生建立起比金子更宝贵的自信。

"问题学生"不再有问题

◇ 皇甫惠怡

　　今天是星期三，不知第五小队的小扫除进行得怎么样了，于是我加快了脚步。现在是七点十分，走到二楼，我一眼望去，心中有些不满，因为在我们教室前的走廊里并未看到一个学生在小扫除。于是，我又加快了脚步。走进教室，我忙向第五小队那里望去，见只来了两个学生。

　　"今天第五小队小扫除，谢安彦、徐杰你们快点去。"

　　"已经擦好了。"

　　还没等我说完，我却听到了这个声音。我循声望去，见是瞿澄，心里顿时一阵欢喜。

　　"那你几点到校的？"

　　"六点三刻。"

　　"真棒！"

　　"陈昊，检查一下地面卫生。"

　　"检查好了。"

又是瞿澄，我心里又一阵欢喜。

接着，早读顺利开始了。

瞿澄这个小男孩，性格很内向，不敢在同学们面前说话，课堂上从来不敢发言。如果遇到不愉快的事，总是喜欢把它们写在脸上，同学们说了他，他就会大发脾气，作业不做，不和任何人说一句话。以前，我也有几次吃了他的闭门羹。这是他上学期的表现，这学期他竟然……想到这儿，我决定改变我已经准备好的晨会内容。

晨会开始了。讲台下四十一双眼睛齐刷刷的关注着我，我定了定神，然后说道："同学们，今天老师要表扬一个同学，他六点三刻到校主动进行小扫除，他就是——瞿澄。让我们用最热烈的掌声表扬瞿澄同学。"教室里顿时传出一阵雷鸣般的掌声。"瞿澄，你怎么会想到主动打扫卫生的？"原本以为一直默默无语的他，这时候也一定不会回答，我正想接着我自己的话匣子往下说。他竟然开口了："我想让第五小组的同学一起早读。"多么朴实的话语啊！是啊，每次小扫除的同学因为这个原因或多或少影响了早读，连我这个做老师的也只能在一旁催，可他却是用自己的双手换来了同学那宝贵的早读时间啊！教室里格外静，从同学们的表情上我已经感觉到什么了。于是，我清了清嗓子，对全班同学说："三月，是学雷锋月，上星期我们观看了《人民的好儿子——雷锋》，同学们在日记里都写到要向雷锋叔叔学习，为班级做好事。今天瞿澄同学把它落实到行动上了，为班级搞好了环境卫生，也为第五小队的同学赢得了宝贵的早读时间。他就是我们班的小雷锋。"

顿时全班同学的目光都投向了瞿澄身上，而他坐得更端正了。

趁热打铁，我想树立他信心的机会来了："平时在班级里瞿澄还做了哪些平凡的小事？"

"瞿澄还是节能员，他每天开关饮水器，从来没忘记过。"

"到专用教室上课，他总是不忘记关电灯。"

"他在课前帮老师放大屏幕时，总是不忘记把小开关调到中间'0'那个位置。"

"有时候其他同学放下来了，他总是要去检查一下。"

"他为我们学校节电、节水。"

"向翟澄同学学习！为班级、为他人做好事，相信你们都是小雷锋！"

第一节是语文课。出乎我意料之外的是，以前从不举手发言的他，今天却像是换了个人似的，几乎每个问题都举手了。这是我眼里的问题学生吗？我的心里不只是欢喜，更有一种莫名的感动。

第二天，他被同学选为值日班长。在放学之前，每天的值日班长要作总结。我看他手里拿着那本记载本，脸上流露出非常紧张的神情，我知道他的难题来了。于是，我走到他座位上，拿起记载本，发现他记载得非常认真。"走，老师和你一起总结。"我拉着他的小手走到了讲台上。

"请翟澄同学来给我们作总结，大家欢迎。"同学们的掌声使他把头埋得更深了。

"不要紧张，慢慢读。"我小声对他说。

"今天早读课好的同学有……"虽然声音很轻，但我发现他读得很认真，同学们也听得很认真。

放学，他妈妈来接他了。我处理完一个同学的作业后，正准备去开会，抬头看见他和妈妈在谈论着什么，似乎很高兴的样子。他妈妈见我在收拾，过来问我："最近翟澄怎么样？"

"语文课上几乎每个问题都举手，那天还主动小扫除……"

"最近他在家里也很乖，我做饭时他就认真做作业。"

"真的？"

我们俩都高兴得笑了。要知道这个"问题孩子"在以前，他妈妈可从来没有这种笑容的啊！

我迈着轻盈的脚步走出了教室。

孩子恶作剧后……

◇ 陈惠芳

中午刚好轮到我分饭，于是我在第三节课下课前十五分钟，就去食堂吃完中饭，想尽快回到教室，没想到孩子已经下课了，科任老师带着回家吃饭的孩子排着队，微笑着走过我的窗前，我想孩子们脚步匆匆，一定饿了吧？快步走到教室，几个能干的孩子已经在盛饭、分菜，我也一脸的喜悦，感慨他们终于也学会独立生活了。

今天吃的是炸鸡腿，"老师，还缺一个。"小蕴向我汇报，"再看看，会不会谁多拿了一只。"想想食堂的阿姨平时做事那么细心，一个个清点了，该不会少了吧？"老师，真的少了一个。""那好，你去食堂再拿一个吧。"我正说着，抬头看看晓东的脸，怎么有些红。"你不舒服吗？"走过去，轻轻抚摸一下，没有热度，哦，他怎么会脸红，我感觉会不会有事发生？

孩子们开始吃饭了，伴着可口的饭菜，一个个嬉笑着，没有讲话声。我坐在前面，看着他们狼吞虎咽的样子，心里真的有些好笑，这些孩子，在学校里吃饭总比家里吃得多，大概人多了也有些吃饭的气氛。"老师，报告，晓东他拿了两个鸡腿。""刚才不是他在分吗？会不会有人不吃，省给他吃的？""晓东，是这样吗？"听见我的问话，他的脸越来越红，不说话，原来这一切是真的。

这孩子，气死我了，怎么会这样啊？"晓东，你上来。"他的嘴巴里还塞着饭菜，眼泪开始掉下来，"你说说，你怎么多拿了一个鸡腿啊。老师不是跟你们说过，不可以吃别人的份额吗？""老师，我，我……""别跟我解释了，你太令我生气了。还有一个鸡腿拿出来，放到前面的菜盘里。"孩子怯怯地上台，把那只鸡腿放回了菜盘，是多么的不情愿。看到他这个样子，其余的孩子露出一脸的疑惑，怎么会这样？他一向的表现不错啊。

晓东的饭是吃不下去了，我把他带回了办公室。"你今天必须把这件事情说清楚。"我摆出班主任的架子，开始"审问"一个犯错的孩子，孩子低着头，开始了忏悔……结果自然是写了检查，我想凭借我这班主任的威力一定会使他信服的。

几个月过去了，晓东成了一个沉默寡言的孩子，会不会因为我那次的简单操作？我一直问自己，直到孩子在一次作文中把这件事情和盘托出，我才明白了缘由。

原来孩子很想去肯德基吃鸡腿，妈妈又不同意，说是数学测试要考优秀

（95 分以上）才有奖励，可是，昨天已经考过 95 分了，恰巧妈妈加班，爸爸出差了，自然就没法去，他想陈老师也应该奖励一个鸡腿了，就自个儿多拿了一个（反正自己在分，不会被同学发现的，还存在侥幸心理），陈老师昨天不是表扬我的吗，她一定不会批评我的，一定能大事化小，小事化了……结果，唉，真倒霉！老师怎么不顾及我的面子呢，所以我非常恨陈老师！

我的心像被什么东西蜇了一下，很痛。第二天，我找到了晓东，跟他说出了我当时的想法，真希望孩子能谅解我这个老师……

最近看过苏霍姆林斯基的书，知道他与学生罗曼的故事：

苏霍姆林斯基的班里有一个十分任性顽皮而且经常要搞恶作剧的男孩子叫罗曼。有一次，罗曼在上课时把坐在他前面的一位女同学的辫子系在了椅子靠背上。女孩为此非常恼怒，哭着告状。苏霍姆林斯基见了，便要罗曼伸出右手，同时拿出一根绑带把他的这只手牢牢地捆在了身上。接着，他让学生照样把自己的右手也绑了起来。这天，苏霍姆林斯基和罗曼在一起，在教室里上课，在花园里散步，一起吃饭，一起打扫教室，整整一天，罗曼尝到了失去自由的滋味，感到了自己做事缺少理智，也理解了教师的一片苦心……最后。罗曼终于学会了珍惜自由和约束自己。

读完这个故事，我深深地为苏霍姆林斯基的育人技巧所折服。想起自己草率的处理，真的愧对孩子！其实，只要我们用心对待孩子，孩子可以每天灿烂如花的！

找回自尊的历程

◇ 李林兵

一大早，我又发下了一份语文试卷，可刚考不久，王冬同学就在桌兜下偷偷地翻起了语文书。我不禁怒火冲天，几步跨到了他的面前，可能他正沉浸于偷看的紧张与快乐，根本没有觉察到我的到来。"王冬，把书拿出来！"我一声厉喝，吓得他一哆嗦，条件反射般地把语文书塞进了桌兜里，然后神情冷漠地盯着我他根本无视我的存在。我的尊严受到了挑战，为了维护我为师者的尊严，我直接把手伸进了桌兜并毫不费力地掏出了他作弊用的语文书，然后得意地举起"赃物"，向全班同学"示众"："大家看看，这就是考试时他所需要的帮助。""我根本没看！"他呼地一下从座位上蹿了起来，就像一只受伤的猎豹，怒目而视。"好，我让你看个够！"极度的愤怒使我失控地把他的书无情地扔出了教室。教室里又恢复了平静，除了王冬呆呆地坐在座位上，其他同学又埋头奋笔疾书。

王冬同学虽然成绩差一些，但毕竟是我们班的一员啊！这孩子的父母都在外地养蟹，平时跟爷爷奶奶在一起生活，经济条件不错，就是学习上没人管。以前常去游戏室打游戏，但经过同学的监督与老师的教育，他已改掉了不良的习惯。在最近一个多月里改变很大，作业认真，书写工整，成绩上有较大的起色。我怎能为自己的一点儿自尊而伤害孩子的自尊呢？我陷入了自责。

我在不安中走出教室。快速向楼下跑去，目光不断地在地面搜索着被我扔出去的那本书，可找遍了楼下每个角落，就是不见半点儿影子。"书到哪儿去了呢？"这时我的脑门儿汗涔涔的，疑惑中又爬上了三楼，脑袋伸出阳台一看，"啊！书怎么到了对面交通局二楼的阳台上了？"刚才不理智的行为使我将王冬的语文书一下子扔到了与学校大楼一墙之隔的交通局的大楼上。站在教室前的走廊下，同学们可以轻而易举地看到它，也许它会成为同学们取笑王冬的话题，那样，他的自尊心又会受到更严重的伤害。而且，作为一个师者，难道这就是我所倡导的师道尊严吗？我得为孩子，也为我找回尊严！

我一看时间，离下课还有十分钟，不能再犹豫了。"王冬，拿上你的凳子，我们一起下楼去拿书。"我们俩以百米冲刺般的速度到了楼下的围墙边。"我上围墙，你为我递凳子。"说着，我先登上凳子，顺势爬上了高高的围墙。"王冬，把凳子递给老师，我从这儿爬上平台去给你把书拿回来。"我蹲在围墙上，俯下身子准备去接凳子。"老师，当心！"在一刹那间，我的眼睛模糊了，想不到我可爱的学生竟还考虑着我的安全，而且我刚刚无情地践踏了他的自尊。"王冬，我在为我们找回尊严，不然，我会后悔一辈子！"我的语气充满了坚定与真挚。在我接过凳子时，我分明看到了他溢出眼眶的泪水。

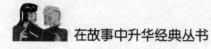

时间在一分一秒地流逝，下课铃声快要响起了。我把凳子小心地安置在围墙上，然后两手搭住对面二楼的平台，两条腿相继跨上了架在窄窄的围墙上的小凳子。不知是紧张的原因还是凳子的结构不够牢固，我的两条腿在上面不断地哆嗦着。经过一番努力，我总算拿到了书，并把书小心地塞进衬衫里，因为我得亲自把书交到他的手上。

就在我双脚接触地面的那一刻，下课铃声响了起来。我擦了擦额头的汗水，掏出那本书，递到了王冬的手上，真诚地说："王冬，对不起！"他哽咽着说："老师，是我对不起你！"

建立在别人痛苦之上的教育

◇ 金　炜、薛向红

一天中午，只见小李老师气喘吁吁、满脸绯红地走进办公室，看上去义愤填膺，她后面跟着几个垂头丧气的"小鬼"。

"真是不像话，每天作业都不好好完成，问你们干什么了，不是说家里有事，就是说作业多来不及，或者干脆说去校外搞雏鹰假日小队活动去了……"小李老师气得七窍生烟，喝了一口水又继续说："好啊，今天狐狸尾巴终于露出来了，原来被电脑游戏迷住了！正好被我逮个正着，你们……你们……哼！"

"是呀，小小年纪，怎么就迷上电脑游戏呢？我昨晚刚看到新闻报道，那可真是触目惊心哪！有的孩子彻夜不归，父母心急如焚；有的孩子上网玩游戏成瘾，由于没钱便开始小偷小摸，甚至偷盗；有的孩子玩得废寝忘食、头昏脑涨，甚至猝死……这简直是电脑'鸦片'啊！"王老师及时"插播"最新的教育"新闻"。

"可不，可不，电脑游戏，真是害人啊！我班就有一个学生，他父母开了一个游戏厅，他从小耳濡目染，被游戏深深吸引，父母起先也没在意，他就一直玩啊玩。大概有两年吧，他父母才发现不对劲，孩子患上了多动症，看了好多医生也不见效……"张老师一说就来劲儿。他们班的小伟，我们都熟识，记得我们刚看到他时，还真吓了一跳！

"教训！多深刻的教训！"小李老师眼睛一亮，"张老师，借一下你们班小伟，让他们看看自己的将来！"

小伟被"请"了进来！他眼睛先东转西转了一下，马上战战兢兢地走到了班主任张老师的面前："老……老师，'啊欧'，干……干什么？'啊欧'！"他每说一两个词，就会情不自禁地发出"啊欧"的怪声，同时右肩膀还会猛地向上一抬。

几个低头的孩子，一看有些摸不着头脑！他怎么这样怪模怪样地说话呀？

"'啊欧'，我……我再……再也不……'啊欧'了！"小伟有点尴尬。

"你来背一首诗吧！"张老师忍住笑说。小伟抬头看看张老师，但不敢违抗，低声而又艰难地背了起来："小草，离离……离离'啊欧'原上……原上草，'啊欧'，一岁……一岁，'啊欧'一——一枯荣……"小伟硬着头皮，在不经意的"啊欧"节奏中，伴着右肩膀的不停抖动，艰难地背着……学生、老师们都忍不住地大笑起来。我不想笑，因为我分明看到了孩子眼中的无奈和忧伤。

"同学们，这就是教训，你们都看到了吧！这小伟同学以前就是因为一直打电脑游戏，才导致今天的结果，现在正在接受治疗呢！你们也想这样吗？"小李教师及时有效地"教育"。

孩子们都惊呆了！再也笑不出来，事实就摆在眼前，教训就在眼前！我想，他们所受的教育肯定是深刻的，因为谁也不想步小伟之后尘！

我也惊呆了！这就是教育？建立在别人痛苦之上的教育？以不惜牺牲某些人的尊严而赢得的教育？小伟也是一个孩子，一个受过伤害的孩子，一个急需温暖的孩子啊！而我们的教师竟然把他当作反面教材，他也是我们的一个教育对象啊！也是一个活生生的人啊！更何况他还是一个受过伤害的孩子呢？

我不禁汗颜！

当局者迷旁观者清！也许小李、张老师只是好心，没有意识到这些。而我一个旁观者，一个清醒的旁观者，竟然没有及时制止，我不禁也为自己的怯懦而惭愧！

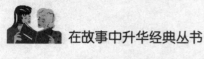

　　"要像对待荷叶上的露珠一样，小心翼翼地保护学生的心灵。"苏霍姆林斯基的话不断地在我耳边回响！不断地提醒我们对待每个孩子都要充满情和爱。真正的教育只能建立在尊重与信任的基础上，建立在宽容与乐观的期待上，建立在智慧和赏识的运用上，建立在心心相印的活动中……

第四章

教法精华

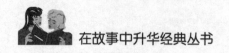

向学生学习

◇ 查人韵

曾经有一个故事：

老师在黑板上画了个"○"后问小朋友，这是什么？一双双稚嫩的小手立即纷纷举起，有的说是烧饼、有的说是月亮，有的说是老师的一只大眼睛。两分钟，22 种不同的答案。再拿同样的问题问大学生，令人费解的是两分钟过去了，却没有一个人回答，最后老师无奈地叫起班长，他犹豫地说，可能是个零吧！

由于受到所学知识的影响，学生的创造性受到了极大的束缚。作为老师我也和那些大学生一样，22 种不同的答案已经变化成了一种。所以在课堂上，我永远无法预料到学生所有的想法。正因为如此，我常常为学生能有那么多精彩的回答而喝彩。

前不久，我和学生一起研究了一个有趣的搭配。例题是三种点心、两种饮料，一种点心配一种饮料，一共有多少种不同的搭配？答案是 $3 \times 2 = 6$ 种。学生获得解答方法后，我出示了书上的"想想做做"。

我先请学生说说获得了哪些信息，以培养他们获得信息的能力。然后请学生说说你能解决什么问题？受例题的影响，我原以为学生只能提出从学校经街心花园到少年宫一共有几种不同路线这一问题，没想到学生一下子又提出了一系列我没想到的问题。

第一，如果从街心花园到少年宫有一条路由于施工不能通行，现在从学校经街心花园到少年宫一共有几种不同路线？学生巧妙地联系生活实际，提出了多么富有现实意义的问题，这个问题一提出，大家争抢着答题，热情明显高于上一题。

第二，假如这条路（施工的这条路）中间不能走，但是我们可以从两边小心地走过去，现在一共有多少种不同的路线？多么富有挑战性的问题，我真佩服学生有如此丰富的想像力，这样的话反而比原来多了一种路线。

第三，从学校到少年宫走哪条路最近？学生的思路越来越开阔，跨出了题型的束缚。虽然学生最后发现这题只用眼睛观察，无法解答，但他们还是细心地发现从街心花园到少年宫走第二条路最近。这是多么有价值的发现啊！

几个意料之外的问题，让我感到无比的欣喜，我由衷地对他们竖起大拇指："真棒！老师向你们学习。"同时我也感到课堂上培养学生发散性思维的重要性。经常性的训练，使学生善于从各种不同的角度来思考某一个问题。

在教学中，教师要发散性地提问，广泛听取学生的发言，尽可能征求多种答案，采取集体讨论的方式，提倡民主、平等。对学生的发言，要使学生勤于思考、善于发问、思维要敏捷、机灵，思路要开阔，转换角度要快且灵活、不拘泥，不死板。鼓励学生不迷信权威、不从众、不人云亦云、不唯书、不唯上，不唯师，只唯实；要引导学生敢于标新立异，勇于大胆创新，富于批评精神，追求新奇。对于那些有奇思怪想的学生，教师要给予鼓励和正面引导，培养其创造性的个性品质和思维特征。

学会耐心

◇ 屠红良

有这样一则故事：

写作课上，老师布置了题目为《梦》的说话作文，让学生们说说自己的"梦"。几个学生发言之后，一个小男孩怯生生地举起手，站起来说："每当黑夜降临，我总做一个梦，梦见自己变成一只老鼠，偷走……"没等他说完，学生们和老师一起哄笑起来。

转眼十年过去了，昔日那个小男孩已大学毕业参加了工作。他在给当年的语文老师的一封信中，写出自己没有说完的话：我想变成一只老鼠/把冬的光辉偷回/还给迷人的金秋/把夏的鲜花盗去/装扮春天的风流/我想变成一只老鼠/把世间的黑暗统统偷走/哪怕闪电划破云头/哪怕寒风把心刺透/我也决不缩回已伸出的手。

多么奇特的想象呀！在孩子童话般的意象中，老鼠也可以代表真善美的英雄。面对学生来信，这位语文老师追悔莫及，不无遗憾地说："如果当时的我能多一点耐心，就不会打破这个孩子美丽的梦了。"

我相信这是一件真事。因为在日常教育教学中，我们不少教师身上也出现过和那位语文老师一样缺乏足够的耐心与宽容的事情。一位日本教师的做法很值得我们深思和学习。在一堂小学美术课上，老师发现有个孩子画了个方苹果，于是就蹲下身子耐心地询问："苹果都是圆形的，你为什么画成方形的呢？"孩子回答说："我看见爸爸买回家的苹果放在桌子上，一不小心，滚到地上就摔坏了，我想如果苹果是方形的，那该多好啊！"听完孩子的话，教师立即鼓励道："你真会动脑筋，祝你早日培育出方苹果。"

把苹果画成方形，显然脱离了实际。然而正是这些可笑的奇思异想，创造了成年人无法创造的奇迹。小瓦特正是有了"为什么开水能把壶盖顶起来"的简单思考，才有了后来蒸气时代的到来；莱特兄弟正是有了"人能否长上翅膀，像鸟一样在天空中飞翔"的异想，才有了今日人类遨游天空的现实。因此，当教师面对孩子幼稚的想法、"离谱"的思维时，不要急于做出对与错的判断，而要学会耐心地倾听。也许，创新之泉便会汩汩而出。

蓝色树的启示

◇ 刘飞会

早在古希腊时代，菲利普·杰克逊（Philip Jackson）就指出了两种截然不同的教育方法：一种是居于支配地位的"模仿法"（mimetic issue），一种是与之相对立的"转移法"（transformativeissue）。前者，教师被看作是不可质疑的知识来源，学生被要求记住知识，并把先前所给予的或效仿的信息加以反馈；后者，教师则是一位引导者，他们要激发学生身上的欲望——求知的欲望、探索的欲望，甚至冒险的欲望（事实上，为求真理而冒险乃至牺牲的，古今中外为数不少），从而使学生在学习过程中参与、提问并关注新现象，在使理解力加深的同时，认知力与创造力也得到激发。

当然，这也不是什么新鲜说法。孔子的"学而不思则罔，思而不学则殖"，事实上也是要求激发求知主体的欲望。今天，我们大力提倡的素质教育也强调"创造力培养"。

前些天，有一位已定居美国的朋友讲了个故事。

有一天，朋友的女儿上完美术课回家，有点不高兴。问她怎么回事，小姑娘嘟囔说，今天老师表扬了同班的Tom。课堂上别人被表扬也没必要自己不高兴呀？小姑娘接着说："可是，妈妈你知道吗？Tom可是画了一棵蓝色的树呀！蓝色的！哪儿有蓝色的树呢？"

树是绿的，不管是深绿、浅绿、草绿、翠绿，在一般人的观念里，在正常的情况下绝对是真理。这个老师是怎么搞的？朋友心里也是一团疑虑。安慰完女儿，他抽空就给美术老师打了个电话。老师说，之所以表扬Tom，因为他画的是一幅富于"创造力"的作品！富于创造力的作品？仔细想想，老师的话没错呀，谁能说蓝色的树从前没有过，今天没有过，以后就不可能有了呢？

听完这个故事，我受到很大触动。每天都在说也都在想着去激发、培养学生们的创造力，可其实在教育、教学、生活的每一个细节当中不都包含着这样的机会吗？所以，对于孩子们大胆天真、甚至是稀奇古怪、"冒天下之大不韪"的想法千万不能一棍子打死，要知道，这些东西正是创造力的萌芽。

纵观古今中外富有创造力的人士，我们不难发现，他们身上往往都有着强烈的独立意识和不服输不从众的心理状态，或者说，都有着一股子强烈的进取的欲望和求索欲望。正是这种欲望带领他们冲出传统观念的束缚，从而开辟出崭新的天地。因此笔者认为，从根本上来说，创造力源于欲望的确认与激发，激发什么样的欲望，就会得到什么样的结果。说到这儿，可能有的人不服气，以前的"应试"教育不也是在激发学生的学习欲望吗？但那是什么样的欲望呢？那是避免"错误"的欲望，是因优良品格和服从精神而得到认可与赞许的欲望，是不违规、不逾矩、心无旁骛，而忽略过程、一举中的的欲望，但不是努力发现问题、独立解决问题，进而寻求新方法的探索的欲望、求知求真的欲望。

一个善于激发学生的创造欲望的教师，会充分调动认知主体丰富的想像力与主观能动性，会用有趣甚至是游戏的方式使学生身居知识之中，这样的

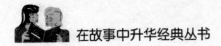

教师有着开阔的胸襟与开放的心态，平等与宽容是他们的最鲜明特征。

"借分"借来了惊喜

◇ 董玉叶

学期的结业典礼刚结束，高三（2）班的小胡同学兴冲冲地跑过来，满面春风地说："董老师，我被评为'学习标兵'了呢，这是我的证书。说真的，我非常感激您期中时借给我的一分，就是您借的那一分，让我感到被信任后的喜悦，让我品尝了获得喜悦后的甜蜜，给我注入了不竭的向上动力。我的语文这次考了一百二十分，作文就考了五十分……"

借一分？哦，我想起来了。期中考试时，小胡同学的语文成绩是九十九分（满分是一百五十分）。这位平时不显山不露水的同学，一次次地跑到我的办公室要求加一分，说凑满一百分好看。说实在的，在非选拔性的考试中，给学生加点鼓励性的分数，不是轻而易举的事吗？何况是区区的一分呢？在仁者见仁智者见智的作文评分里，怎么都可以找到加一分的理由的。但令我气愤的是，有的同学考前不用功读书，专等考后找老师讨分数，以欺骗家长，博得家长的短暂欣喜。于是，我面带愠色地说："不行，如果都这样讨分，这不是乱了套了吗？要记住'宝剑锋从磨砺出，梅花香自苦寒来'呀。""不……不是这样的，董老师，我的语文成绩一直没有到过一百分，这次是最接近的，我真的希望能达到三位数啊。"看到他涨红的脸，我心软了，趁机将他一军说："好，分可以给你加，但期末的时候还给老师五分……"

此事过后，我也没有怎么放在心上。没有想到那位同学却为了自己的承诺孜孜以求，不但还了远远超过五分的分数，还取得了年级总分第二名的好成绩。

这次"借分"借来的惊喜，让我感触良深，思考不已。

"借分"借出了高涨的学习热情

小胡同学语文得了九十九分，没有得到满意的三位数，当他的借分愿望得以满足后，他就有了高涨的汲取知识的冲动。鲁迅先生说过："不满是向上的车轮。"自从小胡同学借到了一分,事实上,也就借到了不断进取的热情。后来从别的同学口中得知,小胡同学对语文产生了浓厚的兴趣,尤其对诗歌鉴赏和作文达到前所未有的爱好:上课时,全神贯注地听讲,不放过任何重要的问题;课后,和同学广泛探讨,执著地挖掘知识的深度。另外,他还广泛地涉猎课外读物,最大程度地释放自主学习的热情,收到了可喜的成绩。试想,如果当初断然拒绝这位同学的加分请求,或许就会在他期待的心灵里泼入一盆冷水,降低他的学习期待值,怎么会有现在高昂的学习热情和出类拔萃的骄人成绩呢?

"借分"借出了郑重的心灵承诺

当老师同意借给他一分并要求他偿还五分时,他的心灵深处已经被深深地打动了;当他以诚恳的点头表明他接受"条件"时,他已经作出了庄严的心灵承诺。为了这个从心窝里涌出的誓言,他必须摆脱喧嚣世界的纷扰,必须克服自身固有的惰性,必须以前所未有的热情化解知识上的困顿,必须千方百计地完成计划并实现诺言。试想,如果当时老师是个铁面无私的"包公",给他无情的呵斥和嘲讽的话,那么,在这位学生的灵魂深处,涌出的必定是失望和拒绝,那怎会有心灵间的和谐沟通与庄严的承诺?怎么会有日后的竭诚进取与硕果累累?

"借分"借出了珍贵的信赖情怀

人,无论是成年人还是处在读书阶段的学生,都可以经得起自然的磨难,但往往经不起别人的嘲讽和蔑视。人,一旦赢得了别人的信任和期待,就能激发不可遏止的内驱力。文中的小胡同学借到了一分,这不单是简单的没有感情的数字,更是充满浓浓的尊重与信赖的情感,正是这种温暖的被信赖的情愫,搭起了师生间相互信任的桥梁。也正是这种珍贵的情感"助推器",才拉起了人生的向上"引擎",确立了积极进取的信念"航标",有力地促进小胡同学成为一个品学兼优的学生。试想,如果没有那些充满温馨的信赖情怀,怎么会有在这种情愫支配下的默默耕耘?怎么会有拼搏后成绩上的名列前茅?

"借分"借出了让人喜悦的成功

成功是每个人都梦寐以求的,但并不是每个人都能如愿以偿。作为学生,尽管成功需要高尚的道德情操、优良的学习习惯和学习方法,然而最重要的

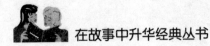

应该是一股饱满的向上的激情。如果当时不顾小胡同学的心理期待，武断地加以回绝，可能就会让这位同学蓬勃进取的激情之河无端地断流。从他对我真诚感谢的语言上看，他的成功来源于我的慷慨"借分"。当你看到学生灿烂的笑容时，作为老师这不是最大的享受么？当你看到同学取得优异的成绩时，作为老师这不是最大的喜悦么？

这次"借分"借来的惊喜，真的让我难以忘怀，我在久久地思考着。

微笑，也是可以提高考分的

◇ 卞幼平

曾经看过这么一个介绍，说好莱坞有一位女影星，论其长相，算不上倾国倾城；论其演技，亦非一流。然而，多少年来，她总是受到一代又一代影迷的追捧，但凡她主演的影片，即使故事情节平淡一些，可票房价值却一直居高不下。究其原因，是因为这位演员，在银屏上所塑造的形象总有一种天使般的微笑。正是由于她的这种微笑，才迷倒了一大片观众。

是的，微笑是人们生活与工作中一道美丽的风景线，是人际关系融洽的粘合剂。它拉近了人与人之间的心理距离，具有迷人的魅力。把微笑带到课堂，带到与学生的个别交谈中，我们的学生真的就会有如坐春风的感受。一个善于微笑授课的老师，其学生的考分一定比冷冰冰的教学要高。

然而，对于教学中的微笑功效，并不是所有教师都能真切地认识到，并能自觉地运用的。事实上，有的教师并不怎么认可，信奉它，总是以为，教师靠的是扎实的专业功底，只要规规矩矩地教给学生，不就完成任务了吗？如果再注意一些教学方法，巧妙地讲解，学生自能顺遂地接受，不是可以称得上称职的教师吗？还有的认为，教师要树立起自己的权威，就是要跟学生一是一，二是二，丁是丁，卯是卯，在他们面前不苟言笑，这样才能管得了他们，镇得住顽童，进而让他们乖乖地听自己的话，从而不折不扣地按自己讲的学下去。其实，这样的看法是偏颇的，片面的，某种程度上说，是错误的。虽说教师对学生的严格要求是必要的，但严格，并不意味着要假以辞色，一进教室就要沉着脸，冷色调地讲课。要知道，学生在冷漠与严厉下的受教，其效果一定会打折。因为，情感是可以传染的：一个愁眉苦脸或铁面冷峻的教师，会带给学生压抑和沉重的心情；而和颜悦色，风趣幽默，则会带给学生以轻松与愉悦，使他们觉得学习不是一种负担，倒是一种享受呢。

心理学告诉我们：人都有一种趋利避害的本能。从情感方面来说，这种本能就表现在：人们更愿意接受来自他人的一种愉悦的情感，谁也不愿意多接触那些对自己的情感有负面感染作用的人。在生活中，我们可以看到，那些面带微笑、心情开朗大方的人，身边总是聚集着一大群朋友，人们其实就是在自觉和不自觉之中，希望从他那里得到自己的情感需要。

微笑是人类面孔上最动人的一种表情，是校园中无声而美好的语言。教师的微笑，说到底，来源于心地的善良、宽容和无私，表现的是一种坦荡和大度；教师的微笑，是成功者的自信，是失败者的坚强；微笑，是对孩子的尊重，也是对爱心和诚心的一种礼赞。它是绽放在孩子心头上的幸福之花！记得前不久谢世的斯霞教师曾说过：微笑上课，是教师得以成功的一个法宝。不会、不能微笑的教师，都不是优秀的教师。我们不妨回忆一下自己小学中学乃至大学的诸多教师，和蔼可亲的老师一定让你感念不忘。同理，你的微笑，也将给你的学生一生深刻而温馨的回忆！

老师，请恒久地保持你的微笑吧，因为它是和煦的春风，暖人的冬阳！请相信：微笑是永远的财富。它，不仅可以让孩子真切地享受到教育的幸福，而且真的可以提高考分！

其实复习课也可以这样轻松上

◇ 钱永飞

每次上半天的复习课，总觉得好累！

下午得专门进行"一字（词）多义"的练习，已经为学生找到了不少题目，可是要全抄到黑板上，那多累啊？再说，我找的题目，也不见得有多大

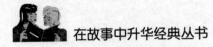

的意义——有些题很简单呀。得好好动脑筋想想有没有好办法……

这世上，办法还真有的是，就怕不去想。这不，稍微动了点脑筋，点子就来了。上课前，我布置了这样一项作业：

请同学们借助字典，每人出十道一字多义的题目（其实相当于 30 个选择题）。范例如下：

"分"的意思：1. 分开；2. 分配；3. 辨别

分清是非（ ） 分工（ ） 年终分红（ ）

并且要求：不可以找生僻的字词，但是所出题目也要有点水平，不要出那种一看就懂的题目。自己可以把字典上的答案写到另一张纸上，但不要写在题目里。

小孩子大多是"好为人师"的，所以这样的作业，对大家来说，简直就是"小菜一碟"，大家很快就完成了。

第一节课，我请同学们在同桌之间互做对方出的题目，然后再相互批阅。这个过程大约用了 20 分钟。然后，我请做错题的同学到黑板上把自己做错的那道题写下来，再考考全班同学。我的任务是在黑板上画好格子，免得孩子们写得太乱。这样，到下课的时候，已经写了满满一黑板，大部分同学也做完了题目。仔细看看，题目都挺不错的。毕竟，曾经是做错了的题目，具有一定的难度！

第二节课，本来的计划是让大家做好题后，我讲解，大家自己检查。可是，在学生做眼保健操的时候，看着学生无精打采的样子，我又想，下午上课，不能老一套！于是我灵机一动：为什么不继续偷点懒？让学生上台当老师不是很好吗？

开始上课了，我对学生说："这一节课，老师也做一名学生，让刚才出题的同学依次上讲台当'老师'，讲讲你出的那道题的答案。如果下面的同学有不同的意见或有什么不明白的地方，请向上面的'老师'提出疑问，'老师'应该尽力做出解答。"

这样一说，孩子们顿时来劲了，眼睛也变亮了！于是，出题的同学一个个兴高采烈地走上来得意地当了回"老师"，而同学们的反应也比以往要热烈得多，总有人提出颇有水平的问题，小"老师"们也感觉自己肩上的担子挺重，都很认真地去解答同学们提出的问题。至于我，则真的坐在下面，成了学生中的一员。不过，当小"老师"和他的学生发生了纷争无法解决时，我才站了出来，很民主地参与到他们的讨论之中……

这半天课上下来，我可真舒服！不但身体不累，心里也开心得很呢！难得孩子们那么高兴而更有效果地上这本来比较枯燥的复习课。

成为学生的铁哥们

◇ 袁军辉

当自己还是学生的时候，老师就称我们是祖国的花朵，未来的栋梁，我们要为"中华之振兴"而读书。如今自己当了老师，接过了恩师的旗帜，执起了恩师的教鞭，展开了自己的教育蓝图。从教至今，自己始终坚持恩师那句"让自己成为学生的铁哥们"这一观点做老师。

曾记得有一次语文课上，一位学生竟敢背着我偷偷地看《足球小子》卡通书，下课后我把他请到了办公室。他走进办公室，好像极为害怕的样子，低着头，脚步畏畏缩缩，嘴里还不停地念叨："老师，我下次不敢了……"起初，我觉得一阵好笑，继而又觉得满心怜悯，我不觉伸出手去，想摸摸这孩子的头。可是就在我抬起手的那一刹那，我的心突然为之一颤，不禁倒吸一口凉气，因为那孩子竟然迅速地抬起胳膊招架住我的手，还伴随着一脸的惊吓，这显然是习惯性的防御动作。（后来其他同学介绍，这个孩子爱好卡通书，为此进办公室挨批是经常的事了。）我抬起的手并没有放下，而是慢慢地、轻轻地在他的头上抚摸了几下，并把他领到我对面的空凳上坐下。他有些受宠若惊。

"老师只想摸摸你的头，怎么把你吓成这个样子？"我试探着问他。他一直保持沉默，好一会儿才慢慢抬起头，却不敢正眼看着我："不是的，原来的老师发现我看卡通书的时候，从来没有摸过我的头，他们……"他吞吞吐吐地没有说下去，眼睛里诉说着恐惧，当然我已心知肚明了。我的怜悯之情又再次升起，这样下去不是个办法，孩子们为什么爱看卡通书胜过上语文课呢？

带着疑问我也去书店借了几本《足球小子》看，精彩的情节配上生动的图片，我都让它给吸引了，确实比"空洞"的书本文字有意思多了。从那以后，每逢书店有新卡通书我总去借几本看看，在学生之前了解最新"行情"，并且在语文课上适当添点"小插曲"。全班同学都听得津津有味，一下课学生就把我围了个水泄不通，非让我将课上那段小插曲好好讲讲。一时我倒成为全班的"卡通王"，他们有什么好书也都来讲给我听。

一次偶然检查班上小作文的时候，我翻到了那位孩子的日记，他认真生动地记录下了那天进入办公室的情形："当袁老师高高地举起手，我赶忙伸出手去挡，我知道我的头上或脖子上，反正身上的某个地方，马上要重重地挨上一巴掌。可是老半天过去了，袁老师的手也没有打下来，最后他的手轻轻地放到我的头上，这简直太不可思议了，他竟然只摸了摸我的头。老师跟我讲起了自己小时候的故事，还提醒我看课外书得选择好时间，要不耽误了学习就不好了……"

读着读着，我的眼睛湿润了……

打那时起，我开始学着扮演孩子的角色了。班上学生为什么喜欢收集方便面中的礼物？自己也去买一袋来，欣赏一下三国人物的风貌。学生为什么喜欢上网吧？自己也花三块钱进一次网吧，体验一下里面的氛围……

我们的学生有血有肉有思想，我们不应高高在上，而应蹲下去贴近我们的学生。他们看什么、说什么、玩什么，我们心中都得有数，这样才会有的放矢，让学生把老师当成自己的知心朋友。

有人说我"童心未泯"，孩子们都不怕我，但我喜欢这样，我喜欢做孩子们心目中的"大哥哥"、"铁哥们"。

给孩子一点好心情

◇ 庞丽君

课上，我和孩子们品析着席慕容的散文《贝壳》。看着这些生活在内地的学生流露出对贝壳、对海的向往之情，我想起了几年前先生从海边带回的那一簸箩贝壳。当时，小儿把玩了几天便失去了热情，贝壳只好寂寞地躺在角落里。如今，这些贝壳正好派上用场了。我要把我的贝壳带给我的学生，要让这海的使者——贝壳，为孩子们带来大海的气息。

午间，当我端着一簸箩的贝壳出现在教室时，孩子们高喊着"贝壳"，飞也似的围拢来，分拿这些小东西。孩子们爱不释手，翻来覆去地看，侧着耳朵听。他们看到了什么，听到了什么呢？孩子们的欢声笑语让我明白：此时，他们无比快乐；此时，他们的心里盛满了海！

该放学了，学生对贝壳的热情丝毫不减。我告诉我的学生，今天晚上贝壳将到他们各自的家里做客，一星期后再回到老师的簸箩里。只是归还贝壳时，要在贝壳里塞一张纸，纸上写一些在贝壳陪伴的日子里的故事、感受。我还告诉我的学生，这就是家庭作业。"啊！这哪算是作业呢？""哦，我要回家慢慢享受作业。"学生忍不住喜悦地惊呼。这童言，这稚语，震撼着我，我久久无语，看着他们兴致勃勃地收拾书包，捧着心爱的贝壳，踏上了洒满金色阳光的回家路。今天，孩子们的脚步有些慢，他们耸动的背影告诉我：我的那些贝壳化作了快乐的精灵，已悄然飞入孩子们的心田。

几天后，贝壳回到了我的簸箩。今天的贝壳与以往不同，里面载着孩子们的心。我小心翼翼地拿出贝壳里的纸，虔诚地读着他们的心语，此时，我是在触摸着一颗颗童心。这是怎样的童心啊！我愿与所有的园丁一同欣赏。

"好一枚精致的贝壳啊！光滑的表面散发着油亮的光，一丝丝褐色的横纹点缀着如雪的底色。真美啊，高贵的贝壳公主。"

"小贝壳，你是海的女儿吗？要不然，为什么海妈妈的声音会装在你的兜兜里呢？听，海妈妈又在和你通电话了：呼——哗——"

"你从哪里来？海螺，你一定有过许多历险，悄悄地告诉我，让我为你写一篇历险记吧。"

"明天，你就要走了，到别的同学家去做客，我真有点舍不得。可我还是会把你送走，因为快乐不能独享。"

我给了孩子们一点点的好心情，竟发现了孩子们至纯至美的心灵里，闪烁着如此绚烂的光芒！

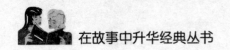

让激情成就教育

◇ 轻吟浅唱

有人曾说，这是一个远离激情的年代，生命的负荷太多，也太重，人们在岁月蹉跎中苦苦支撑，忙于应付，哪里还有什么激情。也有人说，这是一个不应该拥有激情的年代，因为当你真心付出你的激情的时候，也许你所得的回报会让你输得体无完肤，引得嘲讽一片，还是老老实实地过你的日子吧。作为一位一线的语文教师，我要大声疾呼：让我们享受激情！

为了迎检，我精心准备了《北风和小鱼》一课，从教案设计到教具制作着实花费了不少时间和精力，由于准备充分，我自认为上了激情四溢的一课。

激情一刻：上课伊始，我让学生用生动的语言说说我们上节课学的故事的名字。接着，我故作神秘地说："嘘，我听到有人在叫我。"教室里顿时鸦雀无声，孩子好奇地看着我。我从讲台底下取出了一张画有北风吹的图片，问："原来北风想考考我们小朋友通过上堂课的学习能不能读准生字、新词。你们愿意接受考验吗？""北风觉得小朋友表现得特棒，告诉了小鱼，可小鱼不信，它也想考考你们，看看你们能不能把课文读通顺、流利。你们有信心接受考验吗？"基于一年级孩子的心理特点，我为他们创设了"北风、小鱼考考你"的情境，而此时教师的全身心投入和激情表演，有力地渲染了气氛，激起了学生的好胜心和表现欲望。

激情二刻：在学生朗读第一自然段，体会青草、梧桐、鸟儿害怕北风时，我又激情地扮演了一回北风。

师："我是北风，我呼呼地吹来了，呼呼……"（我配上肢体语言表现北风的强大。

师：你们是青草，风吹来了，你们一个个都站不稳，在风中摇摇摆摆。（生配合着老师的讲述，舞动双臂表现在风中的小草。）

师：呼呼，北风吹得更猛了，现在你们的双手就是梧桐树叶，你们在不断地抖动着，最后终于忍不住，慢慢，慢慢落下来了。（生用手掌表现梧桐树

叶的抖动和下落。)

师：呼呼，北风还在不停地吹着，你们是小鸟，你们感觉冷极了，赶紧躲进了窝。(生用蜷缩的身体表现了小鸟的寒冷。)

化物为我，人情入境。学生不再是用眼睛感受浅显的文字，而是在用心灵感悟浅显文字背后的内涵。

激情三刻：小朋友，我们又美美地读了这个有趣的故事，你都有哪些收获呀，愿意把它当作圣诞礼物和我们一起分享吗？

"我觉得小鱼不仅勇敢，还很聪明，它故意气北风，让北风把河面冰住了，它们就可以在温暖的水底舒舒服服地睡觉、游戏啦!""如果我是青草和梧桐，我还要感谢北风，谢谢它带来了一场鹅毛大雪，给我们带来了充足的水分，明年春天我们就能长得碧绿碧绿的。""北风以为别人怕它，自己还很得意呢，如果它知道其实帮助了别人，说不定觉得帮助别人比欺负别人快乐。"

以前上完课文也曾让学生谈收获，可这似乎只是个别几个孩子的专利。今天，激情的话语中带着三分煽情"把你的收获当作圣诞礼物和大家一起分享"，人人想当一回圣诞老人派一回礼物，于是灵性的想像轻舞飞扬。

尽管生活中还有不如意，尽管我们还会忙于应付，会疲惫不堪，但课堂上的我们千万不能少了激情。

用我们的激情唤醒孩子的激情，激情背后成就了你自己，更成就了孩子。

学会等待

◇ 任志华

在新的课程标准理念的指导下，伴随着新教材的使用，我的数学课堂充满了活力，我常常为孩子们那富有个性化的思考和创新的思维所折服。每天我都是怀着一种期盼走进课堂的，期盼他们那极富创意的思考。

在教学"10 以内数的加减法（一）"时，练习中有这样一道看图列式题：有 2 个鱼缸，1 个鱼缸里有 1 条大鱼，另一个鱼缸里有 3 条鱼，其中 11 条稍

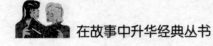

大些，另外 2 条小一些，要求列出两道加法算式。课前我预想，答案不过就是"1＋3＝4"或"3＋1＝4"。

在教学中，果然，学生很快出现了用一个鱼缸里的 1 条鱼加上另一个鱼缸里的 3 条鱼，即"1＋3＝4"的思路。我很高兴，但还想让学生说出"3＋1＝4"的列式，于是我又问了一句："谁还有不同想法？"片刻后，有几个孩子高高举起了小手，一位学生说：我用 2 条大鱼加 2 条小鱼，即'2＋2＝4'。在我对此答案感到很惊奇的瞬间，我看到许多孩子在不住地点头，他们认可了这种想法。我不禁为学生的这种个性化思考而赞叹。这时，又有几只小手高高举起，我心想，难道他们还有其他想法？我又请一位学生回答，这名学生脱口而出："我列的算式是'1＋2＝3'。"我有些不解，于是问他是怎么想的，他说："原来鱼缸里有 1 条大鱼，后来又放进去 2 条小鱼，现在一共有 3 条鱼，所以是'1＋2＝3'。"难以想像，他居然把这两幅图想成是动画片了，多么富有创造力的想法。这时全班同学都向这个孩子投去了羡慕、钦佩的目光。我想这回应该没有其他想法了，可是我发现还有一只小手高高举着，我问他："你还想说什么？"他站起来，大声说："我列的算式是'1＋1＝2'。用 1 个鱼缸加上另一个鱼缸，结果是 2 个鱼缸。"

一道极其简单的题目，为什么会引发出学生这么多种思路？这缘于在课堂上教师为学生提供了一个宽松的、展示个人独特思路的机会。新的课程标准指出，有效的数学学习活动不能单纯地依赖模仿与记忆。由于学生所处的文化环境、家庭背景和自身思维方式的不同，学生的数学学习活动应当是一个生动活泼的、主动的和富有个性的过程。

学生计算鱼缸的个数，这样理解图意似乎是有些违背原图设计的意图。但是我们要想到，凭什么说看这幅图只能算鱼的条数，而不能计算鱼缸的个数呢？学生能想到计算鱼缸的个数，说明学生具有了一定的数感，也反映出这个学生对事物的事理把握能力还是很强的，这正是低年级学生思考问题薄弱的地方。更为重要的是，做题是为培养思维服务的，不能让思维成为各种题型的奴隶。特别是对于一年级的小学生，教师要从一开始就尽可能把学生的思维打开，防止思维定势。

这就要求教师在课堂上，不要急于肯定一种答案，也决不要急于否定一种答案。因为每一种想法背后都闪烁着学生智慧的火花，那将是学生未来创造的源泉。教师要学会等待，等待学生个性化的思考，等待学生创新的思维，留给学生思考的空间，学生才能发展其个性化的思维，学生才能充满热情地参与学习、思考，才有可能灵活地运用学过的知识和已有的能力不断创新。

赏识，让孩子扬起自信的风帆

◇ 吴李英

中午走在校园中，见到了令人欣喜的一幕：一位来接孩子的父亲，远远地朝儿子竖起大拇指，笑着大声说："儿子，老师说你又有进步了，你真行！"受到称赞的孩子跳起来亲了一下俯下身子的父亲的脸，然后拉着父亲的手，一蹦一跳地走了。我没有看见孩子的脸，但是可以想象，那张小脸上一定满是灿烂的阳光。

这情景不由使我想起了周弘教授关于赏识教育的报告，给我印象最深的就是周教授说，他常对女儿竖起大拇指以示赞赏，以至于"大拇指常常抽筋"，我想这也正是周教授能把自己先天聋哑的女儿成功地培养成一位出色的大学生的秘诀吧。

心理学家威廉·杰姆斯曾说过："人性最深层的需要就是渴望别人的赞赏。"能得到家长的肯定和赞赏是孩子心理的需要，这种需要经常得到满足，孩子的潜能就会奇迹般地被激发出来，孩子的自信心就会自然而然地培养起来。

曾经看到过一篇报道，说的是一位母亲，在女儿拿着十八分的英语试卷，神情恍惚地回家准备挨训时，竟然说了一句让女儿惊讶得差点掉了下巴的话："太好了，女儿，这表明你已经学到了十八分的知识，应该高兴呀！"后来，女儿在母亲的鼓励与引导下，奋起直追，期中考试时，英语考到了八十六分。我想，这位母亲就是运用了赏识教育操作"三字经"之一的"够朋友"原则。母亲的"够朋友"换来了女儿的"够朋友"。在孩子只考了十八分的时候，母亲的宽容与体谅胜过批评千倍万倍，孩子的心中充满了温暖与愧疚，也就自然产生了前进的动力，才会取得后来的好成绩。

亲子之间是如此，那么师生之间又何尝不是呢？前苏联作家戴尔科夫从小父母双亡，在读初中时写了一篇作文，语文老师在他的作文旁批了一句赞美的话："写得很不错！"从此他爱上了写作。经过不懈努力，二十四岁便成为专业作家，成名后他特地去母校感谢恩师："是您那一句赞美的话语给了我当作家的勇气和信心，并改变了我的一生！"戴尔科夫这个无亲无故的孩子，客观环境使他感到十分自卑，然而就是老师那句赞美的话给他以信心和力量，激励他抬起头来走路。一步步向着伟大目标奋斗，终于到达了胜利的彼岸。

诚然，得天下英才而教育之，这是何等快乐之事！然而，在我们的学生中，起码有80%是成绩平平、默默无闻平凡地生活着的"俗才"。但是，如果我们学会了赏识孩子，悉心地保护他们学习的积极性，培养他们的求知欲，那么，他们也一定有可能脱颖而出，成为出类拔萃的人才。

日本有位心理医生说："教育孩子就像做菜一样，只骂不夸，就好像炒菜时拼命放盐，做出的菜一定咸得难以下咽。盐应该只放一点点，调调味就够了。"作为教育者，我们应该明白，人总是有向上、向善的天性，但是由于心理、环境、教育等多种原因，人的这些激情、灵感、上进心、积极性、创造性等往往处于抑制状态，所以我们应该帮助孩子树立起自信心，鼓起学生的勇气，去唤醒处于抑制状态的主体意识。

陶行知先乍说："你的教鞭下有瓦特，你的冷眼里有牛顿，你的讥笑中有爱迪生。"愿我们时刻记住先生的话，关爱孩子，赏识孩子，让孩子扬起自信的风帆，到达成功的彼岸！

勇敢地对学生说：我错了

◇ 刘淑萍

判完二班三十九张卷子，我心情很不愉快，八十五分以上的只有三个，十六个不及格。上周的测验还蛮好的，这周怎么了？试题里出现的知识点都强调过，为什么不会？这周二班的同学课上积极性也不高，对，学习态度！

我抱着卷子气呼呼地走向教室，整节英语课，几乎什么也没讲，我挨个儿念了他们可怜的分数，列数了他们上课不专心听讲、课后不认真复习等种种"罪行"，并表示要将这次成绩反馈给家长。最后，我要求这张卷子重抄重做，不及格的抄两遍，英语科代表、学习委员、班长因为没起好带头作用，也抄两遍。

第二天上课前，我挨个儿查了他们交上来的卷子，抄得很认真，大部分错题也改正过来了，我暗想，还是批评惩罚管用。带着一丝欣慰，我走上了讲台，开始评讲试卷。可是这节课我讲得好累呀，几乎没有人呼应我，看着一张张麻木的、苦涩的、无可奈何的甚至反感的脸，我良好的自我感觉受到了极大的挫败。

我赶紧找到班主任，真相大白。

原来这几天他们正忙着准备主题班会，代表学校参加区里比赛，届时兄弟学校的部分领导、老师要来观摩；恰在星期二，一位女生心脏病突发住进了医院，她的爸爸出差在外，妈妈又残疾，所以班干部和团员同学轮流到医院看望她，给她补课。其他同学情绪上也受到了点波动，因此这次测验准备很不充分。

我懂了……

经过一夜的忏悔、反思，我决定真诚地郑重其事地向学生道歉，争取他们的谅解。

又是一节英语课，师生礼毕后，我开门见山："亲爱的同学们，在上课前，请让我给大家深深地鞠上一躬，以表我真诚的歉意！"同学们的眼神由不知所措变成诧异。"前天，我错怪了大家，伤了大家的心，我为我的简单粗暴而惭愧。同学们，对不起！"我的声音有点哽咽，"你们为给班级、学校争荣誉而积极准备班会，又牺牲休息时间照顾病中的同学，为她补课。你们是高尚的，而我却因不知情而伤害了大家，还耽误了同学们一节课。为求得大家的原谅，我决定：星期五下午自修课我给大家补一节英语课。我承担照顾生病同学和为她补课的任务。你们就在学校专心学习，好好准备班会吧，祝你们班会成功！当然，也别太影响功课。"

三十九双惊喜的目光投向我。不知是谁开的头，教室里顿时响起了雷鸣般的掌声……

苏霍姆林斯基说："真正的教师如果是出于良好的动机而做事急躁，考虑欠周，学生是会谅解的；可是学生不会原谅那些态度冷淡，缺乏感情，好作长篇说教，总想置身于孩子的忧虑与激动之外的教师。对于自己的过失，不要遮遮掩掩，而应开诚布公，勇于承认错误，反而更能赢得学生的尊重与爱戴。因为勇于承认错误也是一种高尚人格的体现。"以后的日子里，我时时刻刻注意自己的言行，和学生平等相处，尊重他们，理解他们，不再居高临下，咄咄逼人。同时我常常换位思考，站在学生的角度考虑处理问题，我在同学们中的威信迅速提高，我的英语课堂越来越活跃，学生的英语成绩突飞猛进。

课改了，老师仍要理直气壮地"讲"

◇ 陈炳飞

新课程教学中，老师们在课堂上讲的话越来越少了，在有些课上甚至很少听到老师的声音。然而，"少讲"或"不讲"是新课程教学的必然要求吗？

事实上，教师课堂上的"惜言如金"更多是因为他们不敢讲了。一方面，有些教师认为实施新课程需要学生参与，就要将课堂教学的舞台全部交给学生，进而刻意控制自己的语言量，逐步沦为课堂教学的"观众"；另一方面，少数管理者极端地认为多讲就是灌输、就是传统教学，进而要求教师在课堂上尽量少讲，甚至限定教师在课堂上"讲"的时间。

笔者以为，教师在新课程教学过程中，应根据教学内容和学生特点的需要、根据教学过程推进的需要，理直气壮地讲一些必须讲的话。

"讲"是教师最基本的课堂行为。教师无论使用多么先进的教学设备、采用多么经典的教学方法，都离不开语言表达。

教师在与学生进行平等交流时，需要倾听，也要通过"讲"来参与。

教师在启迪学生的思维时，需要创设情境，也要通过"讲"来启发。

教师在培养学生参与意识和探究习惯时，需要暗示，也要通过"讲"来引导。

教师在作形成性评价和终结性评价时，需要欣赏的目光，更要通过精彩的语言点评来激发学生的学习热情、塑造学生的科学精神。

"讲"是课改初期的有效过渡。课程改革是渐进的，在师生尚未全员参与、全程推进，以及评价制度尚未全面完善的今天，讲究实效的课堂教学仍离不开教师适度的"讲"。

许多初中（包括以后的高中）学生是直接进入新课程的，他们在此之前一直接受着传统的教育方式，教育者不能指望他们立即改变已有的学习方式。因此，教师在课改初期通常要多"讲"，然后逐渐减少教师"讲"的分量，以帮助学生逐步实现学习方式的转变。

探究有利于学生能力的发展，但探究毕竟是过程性的东西，需要较长的时间才能完成，而学生的学习时间是一个恒量，并且，统考制度仍然存在。因此，教师在当前的教学实践中，还是要通过选择性的"讲"来帮助学生实现有意义的接受。

"讲"也是新课程教学的要求。学生在学习书本知识（间接经验）时，不需要都去亲身经历，而且，也不是所有知识都适合学生进行研究性学习。因此，"讲"也是新课程教学的基本要求之一。

"讲"也能促进学生的全面发展。一种观点是，教师的"讲"虽然有助于提高学生的认知水平，但冲淡了学生的主体地位，不利于学生的能力发展和情感优化。这里的"讲"应该是指低质量的"讲"，而教师高质量的"讲"同样能够促成学生的全面发展。例如：运用源于学生群体和生活实践的生动、形象、幽默的语言，可以激发学生的兴趣、增强课堂的亲和力和凝聚力；选择快慢适宜的语速和抑扬顿挫的语调可以给学生美的享受，使学生心境平和、心情愉悦；使用情调激昂、爱憎分明的语气可以引发学生的共鸣，引导学生形成正确的世界观和人生观等等。

赞赏的魅力

◇ 冯宝俊

每一个学生都渴望被关注，都渴望得到足够的赏识。而当你把赞赏的目光，赞美的声音，给予那些渴望被肯定的学生时，你就会感受到他们那份发自内心的喜悦，就会收到学生回交给你的一份份满意的答卷，而你也定会被赞赏所带来的神奇力量所震撼。

我班的小强，性格倔强，遇事急躁，自制力差，学习缺乏信心和耐性，面对批评颇有宁死不屈的"英雄"气概，时常会有任课教师向我"投诉"。对于任课教师的"投诉"，他总是一副满不在乎的神情，仿佛在说："我就是这样，谁也改变不了我。"但从与他的多次谈话中，我还是读出了他心中的那份渴望：渴望老师的赏识，渴望老师的关注。只是长期以来，"坏学生"的定位掩饰了他内心的渴望；"坏学生"的定位，使他始终难以迈出成功的第一步。就这样，他给自己的心灵之门上了锁。我一直在找寻着开启他闭锁的心灵的金钥匙。令我始料不及的是，开房的钥匙竟是一句平平常常的赞赏之语。

记得那次数学课上，我出示了四幅色彩鲜艳的贴近学生生活的图画，开展口编应用题训练。这节课的内容，与学生的生活实际紧密相连，所以上课伊始，小强便兴致高涨，急于举手发言。我本不想叫他发言，但看到他那充满期待的目光时，我还是满足了他的发言欲望。小强口编的应用题实在是太简单了，引来的不是同学们的赞赏，而是一阵哄笑与轻蔑的目光。这时，我发现小强的眼神中满载着失落，继而默默地低下了头。同学们的不认可深深地刺伤了小强的自尊心，看到这些，我心痛极了。为了抚平小强那颗受伤的心，为了让他走出自卑的阴影，为了唤起他的斗志，我激昂地说道："小强是第一个发言的同学，这说明他很勇敢，我为他的勇敢而喝彩。"

我的认可，犹如沙漠中突然间出现了一片绿洲，小强那原本暗淡的眼神一下子亮了起来；我的认可，犹如那和煦的春风，令他沮丧的脸一下子舒展开了；我的认可，犹如那甘甜的雨露，沁入了他的肺腑，令他受伤的心得到慰藉；我的认可，犹如黑暗中的一缕阳光，令屡遭挫败的他看到了希望。他感激地望着我，眼眶中竟噙满了泪花。

这令我很意外，我没有想到这么简单的一句话，竟会使他如此感动。为了帮助他重新树立自信，我有意说道："我更要为小强具有绿叶般的情怀而喝彩，如果第一个发言的人，就将题编得那么完美，那么还会显出你们后面编题者的优秀吗？他是想启发你们，希望你们能编出更有深度、更加精彩的应用题来。"听了我的这番话，学生们频频点头。这时我又发现，小强的嘴角掠过了一抹不易察觉的微笑。

这节课，他又抢着发了一次言，竟把四幅图组合起来，编成了一道三步应用题。这可是我们没有学过的应用题呀，话音刚落，热烈的掌声就响起来了。这是祝贺的掌声，是肯定的掌声。这时我看到他的眼睛中有了一种欢欣雀跃的神情，同时也多了一份自信。

在以后的日子里，我有意识地给予小强更多的赞赏。而他也像变了一个人似的，课上举手发言的次数增多了，数字书写得也越来越规范了，上任课老师的课时也不再惹是生非了。

这件事深深地震撼了我。

有一种幸福叫付出

◇ 匡慧娟

在与学生相处的日日夜夜中，我找到了生命的航标，虽然我为此付出了很多，但由此却得到了许多幸福。

五（2）班的学生比较调皮，非语数学科的老师特别头疼上他们班级的课，当我担任他们班级思想品德课时，班主任老师特意告诉我班级中的几大"金刚"，要我提防着点。我在第一堂课上狠狠地拍了他们的马屁——给他们比较多的表演机会，嘿，他们还真买我的面子，一节课相安无事。后来，我如法炮制，我惊喜地发现，那几大"金刚"居然成了我课上的顶梁柱。转眼进入冬季了，我发现"金刚"之——李华的脸上满是萝卜丝（我们这儿的方言，即脸上皲裂），拉起他的手一看，黑糊糊的。我问他："难受吗？""难受。""妈妈给你擦过护肤霜吗？""擦过，但没用。""下课后到匡老师办公室，老师送一瓶尿素霜给你，包你三天见效，一周脸上污渍全部去掉。"下课后，李华跟我到了办公室，我告诉他："每天早晚把脸洗净，然后把尿素霜涂上，开始两天会有灼痛感，你千万不能停下，要坚持，肯定能见效。"

几天后，五（2）班的正副班主任相继告诉我，李华对她们说："匡老师可好了，给我护肤霜，你们看，我脸上是不是变光滑了，漂亮了？"那高兴劲没法形容！

一周后，我又去五（2）班上课。整整一节课，学习比较差的李华，不但认真听讲，发言也很积极。他还时时扬起他那小脸蛋，对着我微微笑。那节课，我脸上的笑容也特别的惬意。

A是我班级中大名鼎鼎的学生，人不算笨，就是调皮，同学们见了他躲，老师上课见了他头大。我在接手班级时对他作了了解，找到了他造成现状的原因——母亲每天早出晚归，父亲懒于管理。我心中琢磨着教育A的办法，正巧，机会来了。那天，他把父亲给他的乘车钱买零食吃了，而家离学校又太远，所以，天快黑了，他还在教室磨蹭。我问明了情况，叫上先生，夫妻俩一起把他送回了家，并与他父亲交流了一些育人心得。

从那以后，A似乎与我拉近了距离。我知道，我离他的心灵还很远，我还得继续努力。课间，我尽量挤时间与他聊天、做游戏；课堂上，我尽量让他多发言；午间，我与他共读书，探讨问题……我把自己的教育意图溶于一切的活动中。

我在A身上花费了很多的时间，而我所得到的回报也与付出的时间成正比：我们互相走进了彼此的心灵，平时无论做什么，竟有了心灵的默契。游戏，让A与同学之间的关系融洽了；读书，让他能静心做每一件事。

三年级结束，由于班级容量大，需要分班，A正巧分到别的班级，那班的班主任的心中老记着他原来的样子，所以一百个不愿意接受他。而真正没让我想到的是，开学报名那天，A与母亲见不在我教的班级，就哭着来找我，非要到我班级读书不可！我告诉他们，已经分好班，并已向外公布了名单，就不可以更改了。两人那个哭啊，我没办法，只好与教导处商量，满足了他们的要求，母子俩破涕为笑！

这学期开学才一个星期，我居然做起了代课老师。事情是这样的，我是专职思品老师，开学一周后，五（4）班的数学教师住院开刀了，孩子们不能没有老师上课，曾经是中高年级数学老师的我，主动地挑起了这副担子。一人做两个人的工作，那辛苦程度是可以想象的，但我并没有因此而放松哪一门课的教学。这不，刚上了第一堂数学课，我便对学生说："今天的课堂作业全部面批，中午匡老师会准时到教室。"我之所以这样做，目的有两个，首要的就是想尽快了解学生，其次就是想通过面对面的作业批阅，能在较短的时间内缩短与学生之间的情感距离。在以后的日子中，不管是课内作业还是课外作业，只要我有时间，我就尽量做到面批。有付出就会有收获，仅短短一周，我对五（4）班学生的学习情况不说是了如指掌，但也可以说是八九不离十了。对学生的了解，使我上课时明显地感觉到了与学生之间的默契。更为开心的是，学生很快认可了我。班级中学习最困难的女学生雅，以往做作业最慢、最怕，最让老师头疼，就是她，居然每天自个儿都跑到我身边做作业，不会了，主动问。

同事燕十分关心女儿晶的学习，特别是数学，几乎天天给女儿开小灶，但在我担任她的数学老师后，她对妈妈说："妈妈，你不用给我辅导了，有什么不懂的，我会去问匡老师。"

近期，学校组织学生春游，孩子们绕着我问："匡老师，你去不去春游呀？"我反问："你们想不想我与你们一起去？""想，你不跟我们一起去，我们会感到很遗憾。"

回顾自己二十多年的教育生涯，最深的感觉就是：当教师虽然挺累、挺辛苦、挺烦琐，但却过得有滋有味，套句时髦的话便是"忙却快乐着"！

美丽的谎言

◇ 盖凤莲

一次语文课上，一位正在声情并茂地朗读课文的同学吸引了其他同学的注意，我环视着这些可爱的孩子，忽然我的眼睛定格在李明身上，此时的李明正在一张纸上匆忙地写着什么呢？我走近他，李明也抬起了头，并且看到了正走近他的我，一愣，又似乎立刻回过神来，赶忙将桌上的纸条揉成一团并且往嘴里送，又觉不妥，复又紧捏在手里。这个孩子的一连串动作使我十分惊愕，是什么让他反应如此强烈？

"把纸条给我。"我和气地说。李明看了我一眼开始用力撕那纸团，一下子又撕不开，急得涨红了脸。"把纸条给我吧。"我仍然和气地说。李明又看了我一眼，终于犹豫地把纸团放在了我手上。我铺开一看，只见上面龙飞凤舞地写着："婷婷，我非常喜欢你。"这孩子！怎么办？批评？责备？不过，男孩跟女孩之间本来就是相互吸引，让他自生自灭吧……正在思忖中，调皮鬼张强却在一旁喊着："老师，念给我们大家听听吧。"一些同学立刻附和。我清楚地看到李明狠狠地白了张强一眼把头低下，我急忙说："李明写了一首诗：百川东到海，何时复西归'？少壮不努力，老大徒伤悲。"李明满腹狐疑地看了我一眼。我继续说："李明不惜花费课上的时间来告诫自己要努力学习，这难道不是一种自相矛盾吗？"我声音里表现出的责备让所有的学生沉默。我分明看到了李明感激的眼神。

第二天，我收到了李明的纸条，上面工工整整地写着："亲爱的盖老师，您读的诗我记住了，您说的话我也听明白了，我以后一定要好好学习，不让您失望。盖老师，您是我最尊敬的老师。"

之后，李明跟婷婷之间风平浪静，再也没有什么异常，倒是李明这孩子更愿意跟我接近了，他常把心事讲给我听。我常想：当时，我要是如实地读出了他纸条上所写的内容，这个孩子说不定会恨我，他也必然会在很长一段时间里成为其他同学取笑的对象，说不定他会因此而自卑、堕落……我庆幸我选择了一种恰当的方法获得了他的尊敬。

此后不久，由于几件烦心事使我提不起精神，苦恼毫无保留地写在了脸上，同学们纷纷给我写信劝我要爱惜身体。而李明的信尤其使我难忘："老师，人应该快乐地生活。每当看到您没精打采的样子，我们都非常难过。要知道，微笑中的盖老师是最漂亮的。"我当然知道自己并不最漂亮，也许是那个美丽的谎言让我变得如此美丽。我想，作为一名教师，能够得到一个学生真正的关心、爱护和尊敬，是多么幸福。

"新瓶"装"旧酒"

◇ 李福中

每个假期，我留作业时，都给学生布置十篇作文，有时由我命题，有时让学生自己随便写。可每当开学时把作业收上来一看，总有相当一部分学生的作业让我看了直皱眉。有的学生纯粹是在应付，数量够了，质量实在不敢恭维，百十字左右，什么也写不出来。有的虽然有点内容，但字迹歪歪扭扭，文面杂乱无章，从字迹上能看出有些学生对这份作业是多么不感兴趣，可又是多么无奈呀！

有一年暑假，我留作业时想了个新招，仍留十篇作文，但让孩子把这十篇作文装订起来，制成一本书。给这本书起一个自己喜欢的名字，设计好封面，并在封面署上自己名字，当然也可以用笔名。正文前要有目录，可根据作文的内容设计几个小栏目。还要放上序言，简要地介绍一下书名蕴含的意义和书的主要栏目特色。正文内要根据作文的内容画上精美的插图。有的作文写不满整页，可以摘抄一些名人名言、小幽默、精彩段落等来补白。如果有的同学嫌只用这些内容来制一本书太单薄，可自己发挥聪明才智，随便加内容。我还告诉同学们，秋季开学的时候，把同学们的书收上来，搞个展览，大家互相欣赏。

实践证明，学生对这种作业很感兴趣。开学时，同学们都把自己的"杰作"交上来了，那书名各不相同；小星星、丑小鸭、小草、蓝月亮、太阳花、小白杨、花蕾、五彩石、小作家、水晶、晨光……看着这些很有诗意的名字和富有童心的封面设计，我十分欣喜。再翻翻里面的内容，更让人感动。作文内容充实，书写工整，插图精美，充满了童真童趣。更可贵的是很多同学超额完成了任务，写了二十来篇习作。有的同学还开设了很有创意的栏目，如文章病院、猜一猜（谜语）、想一想（脑筋急转弯）、日记选登、写作指导等。

我特意找了几张桌子，放在教室的前面，然后把同学们的书一一摆上去，供大家欣赏。同学们一下课，就挤在那几张桌子前，挑选自己最喜欢的书，然后拿到座位上去看，有的还带到家里去。这次作业展览持续了两周。

我留这样形式的作业，既提高了同学们写作业的兴趣，又达到了互相学习、互相交流的目的，效果很好。

这件事引起了我的思考，同样是留了那么多作业，仅仅是改变了一下作业形式——用"新瓶"来装"旧酒"，就引起了同学们那么大的兴致。看来学生对作业不感兴趣，我们不能一味地责备他们，也要问问自己是否给他们创造了一种快乐的方式。作业不是随便留的，留什么，怎么留，留多少，学问很大。

共同拥有的每天二十分钟

◇ 高　妍

每天下午三节课后的二十分钟，是我和学生共同盼望的时刻，因为这是我们约定的读书时间。对于学语文而言，仅靠学习课本上的几百篇课文是远远不够的，必须通过课外的学习为学生开辟更多的阅读渠道。因此，每个学期开始，我都会向学生推荐一些书目。但是，渐渐地，我也发现，能在课外自觉进行阅读的学生仍占少数，学生和家长都反映没时间。细细想来，的确是这样，学生放学回家吃完饭，《新闻联播》也早已播完，再写写作业，休息的时间也就到了。而到了周六、周日，不少学生一口气要上两三个特长班，剩下少得可怜的时间还不应该让自己放松一下？虽说"时间就像海绵里的水，要挤总还是有的"，但是即使在成人堆里，能钟情于阅读，见缝插针阅读，平心静气阅读的人又有几个呢？反思我自己，一个学期下来，究竟读了多少书？虽说每天忙忙碌碌，上课、改作业、和学生谈心、和家长交流，但也很少关注自身的提高。作为一个教语文的老师，高喊着阅读，但是自己又有多少时间能走进书中，和书对话？这样一想，不禁倒吸一口凉气：应该每天阅读了，不仅学生需要，我更需要。

这样一个例子带给我灵感：在日本，一个小学的成绩在社区一直居于下游。后来来了一个校长，每天放学后要求全体老师和学生，一起阅读课外读物十五分钟。这样坚持了两年，不但使整体阅读水平上升，而且学生中的一些不良现象也几乎消失了，名次由原来的下游上升到上游。

虽然成绩和名次不是衡量办学质量的唯一标准，但是这足以说明阅读对于师生共同提高的重要性。于是，我决定把下午的写课堂作业的时间作为我和学生共同读书的时间，对于写作业而言，读书影响的是学生的一生。

为了使阅读不成为学生的负担。一开始，我让学生自由选择，喜欢看什么都可以带到学校来看。大致说来，女生偏重看童话，而男生则爱看科幻小说。但是有一点共同爱好，那就是都喜欢看漫画，而我也喜欢在漫画中读出人生的世态种种，我就和学生一起读《老夫子》、《儿童漫画》、《漫画大王》。学生从最初看漫画时的一笑而过到感受人生中淡淡的忧伤，是从看了几米的漫画《月亮忘记了》之后。而从看《讽刺与幽默》中，学生通过漫画能关注社会问题，能从另一个视角看问题。我把自己收藏的蔡志忠的漫画《宋词说》、《唐诗说》等一套书带到班级和学生一起欣赏，学生立即喜欢上了用轻松、诙谐、夸张来诠释唐诗宋词的方式。课间能看到他们学着漫画中的人物，必冲冲地走在楼梯上大声吟诵："少年不识愁滋味，爱上层楼，爱上层楼……"学生渐渐迷上了下午的"读书沙龙"。在读书时间里，班里十分安静，即使平时最好动的学生也都沉浸在书的世界里了。

时机已到，我便向学生开出了一个书单：包括小说、童话、寓言、诗歌等。让学生回家问父母童年最爱看的书。让学生根据自己的实际情况或者借或者买其中一两本，最好彼此不冲突。出乎意料的是，学生很快就把书单上列的几十本书凑齐了。还没等我和他们商量怎样让大家的书流动起来，都能把这些课外读物看一遍，一些机灵的学生就已经自己打印了一个图书借阅表，借书人、书名、日期等一目了然。看来，学生对这样的"民间活动"还是很感兴趣的。在和学生共同阅读《海底两万里》、《拇指牛》、《怪老头》等书中，我发现，我对学生更多了一层精神上的了解，更容易站在学生的角度上看待问题了。

"一个能够在阅读中同时进行思考的学生，在读过书以后能够清晰地领会对象的整体和组成部分，相互依存性和相互制约性。"阅读不应该只停留在浮光掠影地"看热闹"，更应该让学生存阅读的同时思考。在书中读出自己，超越自己。于是"读书答辩会"应时而生了。在定时举行的答辩会上，学生可以介绍自己读过的书，谈出感想。其他学生可以对书的内容自由发问，也可以谈自己不同的见解。不知道这算不算"文学欣赏课"的雏形，但是浓浓的读书思辨气氛的确让学生受益匪浅。有了这样的答辩，学生在读的时候就十分注意思考，都盼望着让自己的思想在这样的场合迸发出火花。在答辩会上，我绝不能以老师的身份自居，因为有的书我没有读过，而学生所读过的书，都是他们用智慧和敏感的心灵来感知的。我此时能做的就是静静地聆听着孩子们的想法，过后，马上借过来一读，否则，厉害的学生马上要向我"开炮"了。这样一来，等车的间隙、开会的时候，我都会取出包里的书阅读。四十多个学生在"监督"我，只要我稍一懈怠，就有可能落后了。

把每个学生都领进书籍世界，培养对书的酷爱，使书成为学生生活中的指路明星，这都取决于教师，取决于书籍在教师本人精神生活中所占的地位。学生能感到教师的思想不断丰富着，深信教师今天所讲的不是重复昨天。日久天长，阅读也就成为学生的精神需要。

每天读的书，如潺潺小溪，每日不断，注入思想大河。我的课焕发出了生机，学生变得比以往任何时候都要主动。孩子们上课旁征博引，下了课谈的是谁又有了一本好书。而这一切都要归功于我和学生共同拥有的二十分钟。

不要漏掉学生的名字

◇ 许　丽

做了好几年的老师，我也积累了一些应对突发事件的"教育机智"。比如，在点名时碰到了不认识的字怎么办？一位"前辈"曾向我面授机宜：先故意把他们的名字漏过去，等被漏掉的同学站起来问时，就故意说："你叫什么名字呀，我怎么会没看到？"如此这般，既巧妙地知道了学生的名字，又避免了在学生面前露怯。

这个方法，几乎已成了教师们的"真实谎言"，可能很多教师都知道并沿用。但不久前我却读到了这样一个小故事。

新学期开学，一个老师在点名时，被"赵志枨"这个名字难住了。前两个字已经读出口了，这第三个字到底读什么呢？他想凭感觉读一个音，又怕读错了。一时间觉得非常尴尬，最后，他老实地告诉学生："对不起，这个字我不认识，大家能告诉我吗？"说着他把那个"枨"字工工整整地写在黑板上。

"老师，这个字读 cheng，我叫赵志枨（cheng）。"一个男生站起来大声说。伴着他响亮的回答，教室里响起了热烈的掌声。这掌声是送给真诚的老师，因为学生们见惯了原来那种虚伪的"教育机智"。

点名以后，我不禁有些惭愧。我一直以为学生不过是小孩子，经常为自己的一些"教育机智"沾沾自喜，现在才知道，学生的眼睛是那么的雪亮，亮得可以看透老师的心灵。

老年人有一种迷信的说法：带孩子经过坟场之类的地方时，一定要把孩子的眼睛蒙上，因为孩子的眼睛是雪亮的，什么都看得见。迷信归迷信，可有些时候，孩子的眼睛确实是雪亮的，他们最能看出我们的虚伪。面对这些鲜活的生命，我们必须真诚。

生物学家巴甫洛夫说过："永远不要企图掩饰自己知识上的缺陷，即便用最大胆的推测和假设去掩饰，这也是要不得的。不论这种肥皂泡的色彩多么使你们炫目，但肥皂泡必然是要破裂的，于是你们除了惭愧以外，是会毫无所得的。"在现代信息社会中，教师不再是知识的垄断者和独裁者，而是和学生一样，是新知识的不断学习和追求者。学生们喜欢的不仅仅是教师渊博的学识，同时还有教师有血有肉、有声有泪的率真品格。在学生面前，教师不必也不能虚伪，唯有放下知识的权威身份，主动走下威严的讲台，走到学生中间，尝试建立一种民主平等的教育，才能真正地赢得学生的信任和爱戴。

小心啊，不要轻易"漏掉学生的名字"，因为你同时漏掉的，还有学生对你的信任和爱戴。

用孩子的眼光看世界

◇ 王群丽

一个机灵调皮的小男孩，虽然已经上了初三，但还是异常顽劣。虽然我不是那个班的班主任，但还是对他多了几分关注。

一天自习课巡视时，我看到了这样一幕：课代表上黑板抄作业，他偷偷地溜上讲台，去扒他的裤子，惹得哄堂大笑。我压制不住火气，大喊了一声："你给我出来！"

平时，我总是和颜悦色地说话，这时全班学生愕然地望着我，霎时间静悄悄的。我意识到了自己的失态，但觉得大庭广众之下，他这种行为真是太恶劣了。

出去后，小男孩马上意识到自己错了，但我仍不依不饶，无限地上纲上线：第一，破坏了课堂纪律，影响了大家正常的自习。第二，会给正在青春期的同学带来丰富的联想。第三，如果在公共场合，会被认为是流氓行为。从课堂纪律到思想意识，从大家的看法到严重的后果，我一一说出，直到小男孩的眼泪一串串落了下来。我用成人的眼光渲染了这件事，几乎没有给他留下任何申辩的机会。庆幸的是没有让他当众上台承认错误，那样该会怎样地刺伤孩子的自尊心啊。

从此以后，他果真不再调皮，顽劣的性格收敛了许多，但心思依然不在学习上。起初我还为自己的处理方法而得意，但后来发现他在路上见到我总是躲着走，而原来他总是隔很远就打招呼。我这才意识到自己伤害了一个幼小的心灵。也许他只是恶作剧，并没有想那么多，是我把成人的眼光强加给了他。我想再找他谈话，但他不肯到办公室来，把这个遗憾永远留给了我。

用孩子的眼光去看世界，就会少一点遗憾多一点希望。我明白了教育有法，教育更要得法，教育得讲究技巧和艺术。假如我换一种方法，用冷处理的方式，私下抽空交流，效果会好得多，他毕竟还是一个天真的孩子。我虽然维护了班级的纪律，却伤害了一颗正在成长的心灵，也许他以后不会再做恶作剧，但也缺少了活力和朝气。自此我常常告诫自己，对孩子的失误放一放，换一个角度去考虑问题，解决问题，就会少一点遗憾。教育工作有时不需要雷厉风行，而需要润物细无声的点滴滋润。对待差生，应看到其差异，扬其所长，避其所短，给他们更多的尊重、信任和理解。

教育，光靠热情和奉献远远不够，教育的技巧和成功来源于教师真挚的爱心，站在孩子的立场看教育，用孩子的眼光看世界！

老师，我们班女生谁最漂亮

◇ 张　辉

十年前，一个平凡的日子，一间普通的教室，一个有些"坏"的孩子在课堂上给我出了一道测试题，使我经历了一场虽然只有短短几分钟，却让我终生难忘的考试。

那年，我刚从大学毕业，带着一脸的稚气走出了校园，又带着满腔的热情走进了校园，登上了三尺讲台。年轻的我踌躇满志，总想与众不同：每节课都在讲课前拿出五分钟左右的时间，让一名学生诵读一篇文章推荐给全班同学，以提高他们的阅读理解能力，因为我相信"聚沙成塔，集腋成裘"。

那是早饭后的第一节课，金色的阳光洒满校园，踏着上课的铃声，我满怀信心、面带微笑地踏上讲台，略显威严地喊出"上课"，伴着班长的"起立"声，全班六十六位同学齐刷刷地站起来，"老——师——好——""请坐"。这一切像事先设计好的电脑程序一样，和往日没有一丝异样，然而出乎我意料的一次特殊的考试即将开始。

在一阵热烈的掌声中，个子不高的男生杨家木走上了讲台，一双大眼睛因为眼珠的频频转动而显得颇有灵气。他拿出课前准备好的文稿，但是并没有马上开始朗读，而是略转身体，面向我站好，眨了眨大眼睛，望着我："老师，我可以先问你一个问题吗？"这小子不定又要出什么"馊"主意了，我心里暗自嘀咕。虽然开学才有两个月的时间，但作为班主任，我已经掌握了这个学生的不少"反动"材料：这是一个"坏"孩子，什么"坏主意"都想得出来，像往女生书包里放一只活青蛙，用废报纸堵住邻居家的烟囱之类的事，对于他来说已经成为"低等"恶作剧。这一回，这个家伙又要耍什么"花招"呢？想到这儿，我心里多少有些怯意，但众目睽睽之下，我这人类灵魂的工程师又怎能临阵脱逃？于是，我故作镇静地说："当然可以。"这小子又眨眨眼说："老师，请你审视我们班的每一位女生。"很明显，他在"审视"这两个字上加了重音，然后略作停顿，"完成选择题：我们班女生谁最漂亮？"

这时，我仿佛听到自己的心"咯噔"一下，开始加速跳动起来，脑子里开始"翻江倒海"：王琳琳浓眉大眼，赵晓娟眉清目秀，张明媚楚楚动人，李倩倩窈窕多姿……她们中到底谁最漂亮呢？如果我说张明媚最漂亮，赵晓娟会怎样想？如果我说王琳琳最漂亮，李倩倩会怎样说？如果……如果我作出选择，不就暴露了我心灵深处的"秘密"？同学们会怎样看待我？我又重新"审视"这些同样带些稚气的学生。这时，我发现，不只是每一位女生，还有每一位男生，包括杨家木，六十六双眼睛都在注视着我，静静地等待着，等待着我这年轻的男班主任如何作出"心灵的选择"。

杨家木眨眨眼睛说："老师，你知道我的答案吗？"我下意识地摇摇头，"老师，我的答案是'我们班的女生都一样漂亮。'"霎时间，我有一种醍醐灌顶的感觉，不由得暗自叹服："原来如此。"同时，我也意识到自己思想的局限、认识的浅薄、思维的迟钝，甚而感觉到隐藏在自己灵魂深处的"小"在逐渐幻出……

光阴似箭，岁月如歌，转眼间十年过去了。其间，我送走了一届又一届学生，又迎来了一届又一届学生，上了一节又一节课，但唯有那一节课的那几分钟、那个大眼睛的"坏"孩子最让我难以忘怀，因为他让我深深地明白了什么叫"教学相长"。

温柔的征服

◇ 张晶花

在我们的教育活动中，常常会出现这样的现象：当老师怒气冲冲、恨铁不成钢地训斥着学生时，学生却无动于衷，一脸的茫然；当老师弯下腰，蹲下身子，伸手抚摸那些犯错的孩子时，孩子的眼里却盈满了泪水。温柔的征服，如同春光轻轻吻住花蕾，让心之花瓣幸福地次第舒展，暗淡的日子从此被点亮，怠惰的双脚从此有了快乐前行的缘由。

一天，我去三年级一个班上自然课，结果发现一个男生没有带书。我问他为什么不带书？是不是不知道今天有自然课？男生说忘了带了。同学们都笑了起来，七嘴八舌地说："老师，他经常不带书！""老师，他有健忘症，快别在他身上浪费时间了！"我笑笑，没再说什么。第二周，我照样到那个班上课，扫视了一眼课堂，发现那个男生的课桌上依然空空如也。我见了，没有发作，平静地宣布"上课"。此时的我，其实早就想好了对策。

要讲课了，我故意说自己的教鞭不见了。于是开始寻找起来，衣兜里没有，书里没有，到处都翻遍了，还是没有。我十分不好意思地说："同学们，真抱歉，我忘了拿教鞭了，这支教鞭已经跟随老师十多年了，没有它，老师心里就像缺了什么似的，课肯定上不好。哪位同学愿意到老师办公室去拿一下。"我的话音刚落，便有许多小手高高地举起，有的干脆迫不及待地喊着："我去，我去！"这时，我走到那个没有带书的男生面前，说："请你帮老师去拿一下教鞭好吗？"那个男生受宠若惊，很快就顺利地完成了老师交给他的光荣任务。我接过教鞭，真诚地向男生致了谢，然后说道："一个人如果经常马马虎虎，丢三落四，多耽误事呀。从今天起，我和你们大家相约，我们一起来消灭马虎，你们说好不好？"

也许，是我用这种请求男生帮助的方式，巧妙地教育了他要改正身上的缺点。自打那次给我拿了教鞭之后，那个男生就彻底告别了丢三落四的毛病。

由此我想到法国作家拉封丹写过的一则寓言，讲的是北风和南风比威力，看谁能把行人身上的大衣脱掉。北风大发威力，寒气逼人，结果行人把大衣裹得更紧；南风徐徐吹拂，春暖花开，行人脱下大衣。这则寓言告诉我们教育学生要讲究方法，你怒对学生拍桌、打椅，甚至体罚，会使你学生的"大衣裹得更紧"；采用和风细雨"南风"式的教育方法，你会轻而易举地让学生"脱掉大衣"，达到你的教育目的，收到更好的教育效果。就像上文中的那个男生，如果我也像其他老师一样，对他采用批评训斥甚至讥讽挖苦的教育手段，孩子就容易产生逆反心理，那么他身上的坏习惯就有可能一辈子也改不了。相反，采用间接委婉的劝导方式，既保护了孩子的自尊心，又为他指明了前进的方向，学生更容易接受。再者，老师主动承认自己身上的缺点，学生会觉得老师是可亲可敬的，老师不再高高在上，连老师都有缺点，都愿意和我一起改正，孩子的心里自然会产生一种向师性。所以在教育学生时，我比较喜欢采用这种温柔的教育方式，以此来征服孩子桀骜不驯的个性，在不经意间达到教育孩子的目的。

让我们教育工作者都学会温柔地征服学生吧！

信手拈来也知惜

◇ 蒋静雅

我捧着一叠崭新的练习本走进教室。学生们眼睛一亮，欣喜地相视一笑，然后挺了挺身子。新的本子也是一个新的起点，每一个学生都处于同一起跑线。因此不管是勤的还是懒的，好的还是差的，每一个脸上都写满了决心和自信。

本子发下去，学生们小心翼翼地翻开封面，还轻轻地抚了又抚。这时，郭志强的同桌叫了起来："蒋老师，郭志强的本子上有个'大拇指'。"

"大拇指"？噢，是我用来激励和奖赏作业优秀的学生的。师生已经约定俗成：作业五次优秀加星，封面上就能奖到一个"大拇指"。看似微不足道的"大拇指"，对于孩子来说却有着特殊的魅力。一个"大拇指"往往也是来之不易的，因此常常会令孩子炫耀激动好一阵子。这个"大拇指"大概是我随意刻在上面的吧，夹在本子中我也忘了。

手头没有多余的本子，我对郭志强一挥手："算了，就用这本吧。"学生都惊奇得面面相觑，羡慕不已还有一点愤愤不平。也难怪"天上掉馅饼了"，而且掉在一个凭实力没希望得到"馅饼"的同学头上。再看看郭志强，有些羞涩，有些疑虑，有些得意。也是嘛，捡了个大便宜。

批阅学生的作业，我阵阵窃喜。连郭志强的也不错，字虽不漂亮但很端正，答案虽不完全正确，但条理清晰。毕竟是新本子上的第一次作业嘛。

出乎意料的是，郭志强的第二次作业依然清清楚楚，我认认真真地批了个大大的、红红的优秀加星。更令我喜出望外的是第三次、第四次、第五次一直都是这样。我郑重其事地又给了郭志强一个"大拇指"，因为只有这个才是真正的"自我"。

我不禁感慨了：一次次的苦口婆心、谆谆教诲无济于事，一个小小的意外的"大拇指"竟会令他洗心革面，令人刮目相看。

常说"来之不易方知好好珍惜"。可我要说，对于孩子，对于一颗渴望关怀和激励的心灵，信手拈来也会珍惜。尤其是对于一个觉得夸奖遥不可及、成功高不可攀的"差生"，预支的奖赏弥足珍贵。那是一缕清风，能驱散心头的阴云；那是一缕阳光，能温暖一个角落；那是一滴清泉，能滋润干渴的心房；那是一点火苗，能燃起希望的火焰。

"露一手"的学问

◇ 王淦生

大凡教师，大概总希望能给学生留下一个无所不能的印象，以赢得孩子们的青睐与信赖。因为无法抓住孩子们的心，也就必然难以取得理想的教育教学效果，甚至会令学生动起"舍汝而他顾"之念。而如何给学生留下一个美好的印象进而赢得孩子们的"芳心"，这却并不是一道简单的课题，相信我们的教师特别是初登教坛的年轻人为此伤过不少的脑筋。

《列子》一书中记载的一则薛谭学讴的故事我以为可能会给我们一些启示：

"薛谭学讴于秦青，未穷青之技，自谓尽之，遂辞行。秦青弗止，饯于郊衢。抚节悲歌，声振林木，响遏行云。薛谭乃谢求反，终身不敢言归。"

虽只寥寥五十余字，读来却意味隽永，尤其对我们这些秦青的同行们来说，应该说颇有值得玩味的地方。我们在赞叹秦青"声振林木，响遏行云"的演唱技艺的同时，更为他那欲擒故纵、以"技"服人的教育方法所深深折服。关键时刻"露一手"，远胜过道理万千。薛谭闻之而"乃谢求反"，甚至于"终身不敢言归"（这一点似乎无甚必要，当毕业时还是该让其毕业的），应该说正是倾慕于秦老师一曲"悲歌"中所展示出的不凡的艺术造诣。

在平素的工作中，我们常常可以听到不少教师对自己的学生的埋怨之词：作业上字迹模糊难以辨认，背不出要求背诵的课文，写不出拿得出手的作文，不愿意阅读优秀的课外读物……然而若细究一番，我们这些为人师者又有多少人的字真正拿得出手？又能脱口而出背诵多少优秀诗文？有多少人能在规定时间内写出情文并茂的文字？业余时间里又有多少人乐意泡在书里？如果在提倡学生写好字之前，我们先亮出一手漂亮的板书；在要求学生背上某篇课文的时候，我们先完完整整地背出此篇；在布置学生作文的同时，我们自己也下一下"水"，拿出一篇精美的"力作"；在课余时间，能向孩子们多多介绍、评点一番自己读过的优秀作品……窃以为，其效果定然远在那种"己

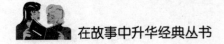

所不为，欲施于生"的教育方式之上。

教师的魅力，绝不仅仅在于工作中对学生循循善诱、谆谆教诲、苦口婆心，或是对学生生活上关心爱护、体贴入微，更在于教师的博学多才、技艺超群，有几手"绝活"，有较强的驾驭知识、驾驭课堂的能力。尤其在科技发展日新月异、文化知识不断更新的今天，面对着那些有着旺盛的求知欲、强烈的好奇心的青少年学生，如果我们的教师仍然满足于充当教科书、参考书的简单的"传声筒"，习惯于充当光说不练的"天桥把式"，恐怕难免会让学生心生"辞行"之念的。

具有渊博的学识，精通教学业务，练就深厚扎实的教学功底，培养起应付各种局面的能力，方可保证我们在教育教学工作中立于不败之地。当初，面对辞行的薛谭，秦青之所以能够"弗，止"，乃至于为其"饯行"、"抚节悲歌"，其原因恐怕正在于对自己深厚的歌唱功底和巨大的艺术魅力充满着自信。一曲高歌，竟可以换得薛谭的"终身不敢言归"，足以见得教师杰出的才华对学生所具有的巨大的感召力。倘若秦老师歌喉暗哑，技艺平平任其挽留再三，做过细的"思想工作"，恐怕也阻止不了学生乱行的脚步。

不过，话再说回来，薛谭之所以会产生"自谓尽之，遂辞行"之念，撇开其"有眼不识泰山"的主观因素，大概也与这位秦老师平素过于"深藏不露"不无关系。非到关键时刻，不肯亮出"绝招"，这一点对于今天的广大教师而言，似乎并不可取。作为一名具有奉献精神的教育工作者，渊博的知识、扎实的功底、不凡的技艺不过是我们借以搞好教育教学工作的必要手段，而不是用来证明自身价值甚至自我炫耀、自我标榜的资本。虽有满腹经纶，却总是含而不露，直至门生辞行之际方思"露一手"，晚矣！

向学生展示自己，恐怕亦当"该出手时就出手吧！"

美丽的放弃

◇ 李国芳

足球场上，几个熟悉的身影正欢快地嬉笑着、追逐着，他们全身心投入游戏中，浑然不知老师已经悄悄站在了另一个角落。

"过来!"我大吼一声。

对于半路杀出的程咬金,他们已无计可施,耷拉着脑袋乖乖地向我走来。看着这几个直喘着粗气的红脸蛋,我真是气不打一处来:放着要紧的作业不做,玩得如此毫无牵挂。

看着我愠怒的表情,这几个家伙显然已意识到自己的错误,低着头不言语。

"这是什么?"我指着其中一个同学手中的白玩意儿问。

"足球。"其中一个不好意思地答道。

足球?这就是他们尽兴追逐的足球吗?我不禁端详

起这只"球"来:它的确很不一般,根本不是市场上卖的那种,而是用废纸一层层由里及外不断充实,并用透明胶带包扎而成的纸足球!

这只新颖别致的纸足球不禁深深吸引了我,刚才的怒气一扫而光,内心一阵暗喜:这些孩子,学习上不肯花工夫,玩起来花样十足,脑子还真灵!真想鼓励一下他们的创造发明,但我犹豫了:他们必须为自己不负责任的学习态度有所交代。怎么办?还是让全班同学去定夺吧。

我把纸足球放在了讲桌上,未待我开口,许多同学纷纷围了过来,对着足球展开了议论。

"这足球真有意思,真亏他们想得到。"

"玩上还能省钱呢,球是用废纸做成的,透明胶带也用不了多少。看在这球的分上,罚就免了。"

"纸足球的确能带给我们许多新启发。"

"待会儿我也做一只。"

"我也做一只。"

"嘿,先给我玩玩。"

没想到一只纸足球竟带来这么大的反响。怎么办,如果此时我大加批评的话,是否会大煞风景呢?再看看那几个小家伙眼睛忽闪忽闪的,正盯着我呢。怎么办,知难而退吧。于是我走过去轻轻地对他们说:"写一篇小作文吧,算是对作业未写的补偿。要道出踢足球前后的真实感受。"这几个小家伙瞪大双眼,随即又感激地离开了。

没过多久，我收到这几位同学的小作文，其中的片言只语还真不错："说实话，今天的足球赛太有意思了，踢着那不太正宗的足球，感觉就是不一般。""今天全是纸足球救了我们，看来做什么事都得创新，在以后的学习生活中多创新，在玩中创新。""虽然同学们一致劝谏，我们才得以'缓刑'，老师没说半句话，但无声胜有声，以后再也不能作业未做完就出去玩了。"

这是我"退一步"后才出现的"海阔天空"——孩子们既认识到自己的错误，又有了独特的感受。当然，放弃批评不等于放弃教育，而是意味着更人文化的教育。老树放弃了生，轰然倒下，让许多小树得以分享一片蓝天，大森林因为放弃而美丽，同样，教育有时也因为放弃而更加美丽。

给孩子一座"快乐的城堡"

◇ 陈惠芳

曾经看过这样一个故事：

有个叫玛赛尔的女人，有一次陪同从军的丈夫一起来到拉美的一片沙漠之中，当丈夫外出训练时，常常孤零零地独自住在被沙漠包围着的铁皮房子里。有时，甚至很长时间也收不到丈夫的一封来信。她深感寂寞孤独，虽然当地有土著人、印地安人和墨西哥人，但他们都不懂英语，无法陪她说话，她于是深感痛苦。恰在此时，远方父母的一封来信给了她极大的鼓舞。信极短，却充满了哲理："两个人从牢房的铁窗看出去，一个看到了坟墓，另一个却看到了星星。"她于是恍然大悟，决定在茫茫沙漠里寻找瑰丽的星星。她开始努力：努力学习当地的语言，努力与当地人交朋友，努力收集各类土特产，努力研究当地的一切：包括土拨鼠和仙人掌。于是，才过了几天，她就深深地感到自己的生活已经变得十分充实快乐。到了第二年，她将她的收获——整理成文，出版了一本叫做《快乐的城堡》的书！

原来快乐可以这么简单，真不敢令我相信呀！

明天，学校将组织孩子们去上海春游，想想后天是星期天，计划中的数学单元测试，今天就搞定！不过，考试前我来了一番"演说"："同学们，我知道大家都非常想去上海，但如果今天的考试成绩不理想，老师想明天你们就不要去了，好吗？留下来与三年级的同学一起上课吧。"……嘿，这话还果真有了效果，几个平时成绩不怎么好的同学，这会儿比平时更用心了，低着头默默地做着，还不时微笑着看我，似乎挺有把握，我暗自高兴。

接着我讲评了试卷，又对着孩子们嘱咐了几句，便夹了备课本轻松地走下楼梯。

"你说，这些老师怎么都会威胁人啊？"身后有几个孩子，正低声说着悄悄话。

"就是，每个老师都这样，拿明天的春游做交易。语文老师说：今天的作业不认真做好，明天不要去；数学老师说，今天考试不好，明天留下来；班主任说，今天谁的纪律不好，明天也不要去。唉，还没出发，我都已经没有心情了，想想以前听到春游就脚痒，可现在……"

"不去就不去，我都已经失去兴趣了。"

"哎，你们可不要这样啊，大概我们是六年级，老师对我们严格呗！"另外几个附和道。

我想，这时转过身去，孩子们一定会发现我，于是我装作没听见，径自朝前走。其实，我好想听听孩子们心里是怎么想的……

快走到办公室门口的时候，我突然停住了脚步，转身招呼那几个孩子过来，说："过来，陈老师找你们有事。"

"明天去春游，准备工作都做好了吗？今天回去早点睡觉。"

"是。"四个孩子有点紧张的脸舒展了一些。

"对了，陈老师今天做错了一件事，你们发现了吗？"

"没有啊。"

"真的！"

他们几个你看我，我看你，丈二和尚摸不着头脑。

"你们刚才不是在议论我们三位老师吗？"

这下，他们有些明白了。"我们没，没讲什么啊！"看着孩子们那紧张的神情，我真的有些内疚。

"其实，我们三位老师没有讲好，却怀着同样的心情，只是希望你们不要有浮躁的心理，要学好每天的功课啊！该学的时候要认真学，该玩的时候要尽情玩！不是拿春游做交易，老师明天一定会和你们一起过把瘾的！"我这么一说，孩子们也都乐了。

孩子们走了，我却陷入了沉思：我们老师可能已经习惯了教育必须说教，真的！似乎每天对着孩子念几次经，孩子就一定会接受你的劝说，变得乖巧、听话、守纪律。其实，教育孩子，很多时候需要润物细无声，老师应该注意说话的技巧，就像故事里的父母给女儿的信那样，信虽短，但却弥漫着温馨，充满着关怀，要让他们看到沙漠里的星星，给孩子们一座"快乐的城堡"比什么都重要！

老师，不要吝惜你的表扬

◇ 夕 阳

对学生适当进行表扬，这是我们每一个老师都会做的。可在实施表扬这种评价方法时，有没有偏心呢，学生又是如何看待表扬的？下面是我摘录的初一某班学生的一些看法。

"我当时是甜滋滋的，就像是刚刚喝了蜜糖一样，怎么也无法忘怀！当老师表扬我时，就像在我心中点燃了那一桶桶烟花，五彩缤纷的，心花怒放！我整个人都陶醉在这美景中了！"

"当时我是高兴极了！做作业特别有劲。回到家里，就赶紧告诉爸爸妈妈，让他们也高兴高兴！可老师好偏心，只有一部分人能常受到表扬。"

"我的内心十分激动！老师表扬了我，肯定是我有进步了。我会努力的，好好报答老师和父母！"

"有些满足。以前老师表扬别人时，我很羡慕，现在老师也表扬我，我很满足。我在同学面前抬起了头！所以我要更加努力学习。"

"当老师表扬我时，我心里有一种说不出的快乐！回家好好说说，免得老爸老妈说我老是得不到表扬。可我知道，千万不能骄傲。别人得到的表扬比我多，我要努力，争取得到更多的表扬。"

"看到她受到的表扬那么多，我心里很愤然。为什么？她做的并不比我好多少，而我就得不到表扬！老师真是偏心。"

"太棒了！老师终于表扬我了。以前，老师总是批评我，骂我，我经过努力，有进步了，老师肯表扬我了。虽然只有几个字，可我觉得，是我人生的一大进步。在经常受到表扬的人来看，也许不觉得怎样。而我觉得这是超越自我！老师，谢谢你，我爱你！"

"老师可从来没有表扬过我呀，批评还来不及呢！我怎么知道表扬的感觉？我只知道批评、骂我的感觉。尽管我做事很努力、很认真，老师为什么就不表扬我？"

从学生反映的情况看，受表扬肯定是开心的。可有一个疑问：好多学生没有体会到受表扬的滋味，为什么？

我们一直在说，对每一个学生都要平等，都要给他们爱。可在实际过程中，却并不能做到。一些老师认为，对某些学生，不能表扬。一表扬，他会忘乎所以，还是批评好，让他清醒。

真的吗？对有错误的，要批评，但只要他有进步了，就应该给予及时的表扬，肯定他的成绩、进步，让他知道该怎样做。如果一个学生，连一次表扬都得不到，甚至做得很好也得不到表扬，其上进心得不到保护，要想让他有更大的进步，是很难的。

在学生的反映中，也看到了这种不平等对他们的伤害。伤害了一部分追求上进而又想得到表扬的学生的心。当成为了习惯，我们的教育还管用吗？

有些学生，只受到批评，从来也不知道表扬是何物。而当这些学生有问题时，又该如何去教育他们呢？得不到温暖，得不到爱心，往往使这些学生变得难以管理。可这时我们又怎么能说现在的学生越来越难管了呢？

善于利用表扬，往往能使我们的教育效果更好！所以，我要说：老师，不要吝惜你的表扬！

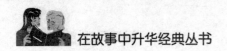

别样的写字课

◇ 曹丽玉

　　曾经看到过这样一则小故事：三八节这天，一位女教师走进教室，学生们突然把一束盛开的鲜花捧到她的面前，向她祝贺节日。这位女教师当时没有发表长篇大论的感谢讲话，只是激动地说了一句："这花真美，可在我心中，最美的是我的学生。"同学们用经久不息的掌声回答她那激动人心的话语。

　　确实，真诚是人类情感中的真金，真情是班主任语言最基本的特色。与孩子们交往，做孩子们的思想工作，最重要的是要有真情，不管是对优秀生的赞美，还是对后进生的批评，都需要真情。人们最容易接受的是真情，人们最反感的是虚伪。成人如此，孩子们更是如此。

　　读完小故事我情不自禁地想到了那天二十分钟的小课——写字。课代表把写字本发下去后，孩子们有的交头接耳，有的笑脸依旧，有的叹气连连，有的拨弄着书页，有的用余光瞅着我……

　　我站着，看着，不说话，因为我今天准备给他们几分钟的"喧闹"。二十分钟的写字课，一起和孩子们挥霍一下。

　　二十多天的寒假休息，孩子们疏懒了，第一次的硬笔字，大约有十几个同学不工整。我没有大动干戈，批阅的时候在他们的写字本上写着：

　　晨，你怎么啦，字快倒塌了呀！你瞧，怪可惜的，小钩扭伤了腿。老师不忍心再看了，都散骨了！

　　亚，假如你能把这一横平展一点就好了。

　　伟，写的字也能像你这么英俊，那该多好啊！

　　强，老师知道你，手指用力不均衡，把弯钩给脱臼了。那一小点呢，是你欺负它了么，怎么躲起来了。竖，这是竖吗？老师感觉是在抽筋呢！

　　宇，提怎么下垂了啊。

　　棒，捺得那样有力度！

婷婷，每次打开你的习字本，都是一种享受！下课的时候老师拜你为师，撇得那么流畅。

一个大拇指、一朵小花瓣、一颗红五星………

大约五分钟过去了，孩子们纯净的眼光渐渐地跟随着我的走动而移动。于是我打开投影仪，把事先写好的一段话亮起来：时光似水。童年是溪流，叮咚作响，活泼清澈；青年是小河，充满奔向江海的壮志和锐气；中年是大江，在忧喜中无怨无悔地做着载舟、灌溉的贡献；老年是大海，虽失去了一往无前的活力，却拥有了包容万象的博大胸怀。想必，这就是时光赋予的鲜活、丰富的生命过程。

我漫步于孩子们中间，一言不发地看着他们……孩子们不由自主地读着，声音越来越响，整齐，有节奏，富有感情。我笑了，微笑着看着他们说："在从前，写字是一件大事，从描红模子的横平竖直，到写墨卷的黑大圆光，中间不知有多么勤苦。记得小时候写字，老师冷不防的从你脑后把你的毛笔抽走，弄得你一手掌的墨，这证明你执笔不坚，是要受惩罚的。练字，不是非要你练成什么天下第一手或什么神笔，而是磨炼你的意志，提高你的素养。"孩子们听了，你看看我，我看看你，也笑了，一张张稚嫩的小脸阳光灿烂。

那天的写字课格外的舒畅，再次批阅的时候每个字都立体地站在我面前等待我"检阅"。

今天，老师的嗓子好疼……

◇ 姚琴芳

一直以来，我的课堂阅读教学基本上按"自己读——检查读——老师范读——学生模仿读"的模式进行，注重通过自己的示范，让孩子们感受朗读"艺术"：声调的抑扬顿挫，音节的轻重缓急，怒而如潮，疾而如驰，舒而如云……结果孩子们竟然爱上了听老师的范读。在教学新课之前，我总能从孩子们的眼睛里读出这样的讯息：老师，你怎么不读给我们听呢？每次我范读课文后，总能听见孩子们发自内心的"表扬"（他们总喜欢用一阵热烈的掌声表扬我）。于是乎，我就在孩子们的掌声中朗读，又在他们的掌声中结束。课间也有孩子悄悄对我说："老师，我最喜欢听你读课文啦！""你朗读课文时，真的好有感情！""听你读课文是一种享受！"……虽然，每次读完后我总问："想和老师读得一样好么？想超过老师么？""想！"孩子们的回答异常响亮。因此，朗读课文的劲头十足，朗读水平要比其他班级的学生要好得多。我也因此自豪着，骄傲着。

可是最近几天，我却因感冒引发了咽喉炎，嗓子好疼，连发个声都觉得困难。正巧要教学新课《谁的本领大》，这是一篇童话故事，讲的是风和太阳开始都以为自己的本领最大，通过两次比本领后双方都悟出了道理。课文情节紧凑，富有戏剧性变化，角色形象鲜明，语言活泼，颇有个性。我心想，现在是该放手让孩子们自己去阅读，自己去感悟的时候了，就对学生说："今天老师的嗓子好疼，不能读课文给你们听了，真抱歉！不过，考验你们的时候也到了。学习这篇课文，我交给你们两个任务：一是请你们自己去通读课文，生字要你们自己去学习；二是边读边静静地思考，可以和同学交流；三是自己尝试朗读，力争读出感情来。愿意接受老师的挑战吗？""愿意！"孩子们的热情被激发了，积极主动地投入到文本的阅读中去了：看，有的摇头晃脑，有的低头细读，有的几个人一起读，还互相争论，互相纠正……最后孩子们交出一份让我比较满意的答卷。看着孩子们自己走入了文本，对文本有了自己的感悟，达到了心灵与文本的交融！听着孩子们声情并茂的朗读，我不由得为他们鼓掌、喝彩！真可谓"情自心中来，情自口中出"！

"三分文章七分读"，这就要求老师要伴着学生学海泛舟，让学生亲历阅读过程，感悟语言文字，体验阅读快乐。教师要善于放手让儿童亲身体验，去认识事物跟文本之间的关系；孩子们不仅是用智慧，而且是用整个心灵来感知周围世界的。这种亲历阅读过程中所取得的效果，是任何书本和任何课程都无法给予的。正因为我的嗓子疼，而让学生的学习由原先的依样画葫芦（即使模仿也只求"形似"而不求"神似"，而缺乏真情实感），转变为主动地亲近文本，自己去感悟语言，入其境，通其心，感其情，以抑扬顿挫之声，表身临其境之意，抒真挚深切之情。这样的朗读，才真正让我感到了骄傲和自豪！

在小学阅读教学中，我们应该尊重学生富有个性的情感体验和思维方式，

遵从母语学习的特点和规律，提倡感悟、品味、体验，让阅读教学真正成为学生、作品、编者、教师之间平等对话的过程，成为培养语感、熏陶情感、发展个性和提升素质的过程。

给学生一个台阶

◇ 王学峰

我第一次给学生上课时，正讲得起劲，一不小心被讲台绊了一下，学生哄堂大笑。刚踏上讲台的我尴尬极了，于是随口说了一句"这讲台也会欺负人"。学生的笑声戛然而止。

这是给自己台阶。在尴尬面前，懂得给自己一个台阶的人是明智的。然而，我们更应该学会的是给学生台阶。人总是爱面子的，冷酷无情就像一把锋利的刀子，它会伤害人的尊严。给学生台阶，实际上就是要呵护学生的自尊，让学生感觉到你的宽容和良苦用心。

给学生台阶，可以使学生产生一种前所未有的改变自己的动力。这动力是讽刺、挖苦、辱骂、体罚等永远无法比拟的。以前我教的班级有一个学生A，连续两学期的成绩都是倒数第一。老师们上课时请他发言，他向来都是站起来后一言不发，再问他仍不吭一声；作业一个学期难得交一两次；不少老师对他的学习失去了信心。同学们给他起了一个绰号——"木头"。

一次，上课时，我提了一个非常简单的问题，请学生A起来回答。这时，一个同学竟然嘀咕了一句："老师，他是木头。"全班同学一听都哄笑起来。看着学生A涨红了的脸，我请全班同学安静下来，并对那个同学说："学生A他一定会回答这个问题的，只是他太紧张忘记了。"然后，我微笑着走到学生A面前，亲切地对他说："别紧张，先坐下去仔细听，待会儿老师再让你回答。"接着，我请另一个同学回答了刚才的问题，这个同学发言后，我用期待信任的口气请学生A重新回答一次。这一回，学生A支支吾吾，断断续续复述了一遍。我立刻表扬了他的勇敢。由于受到我的鼓励，这堂课学生A听课格外认真。我又一次表扬了他的专心。从此，学生A变了，不但上课认真听

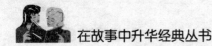
讲，还经常举手发言，同学们也不再叫他"木头"了。

　　教育是心与心的交融、情与情的共鸣。没有教育者的真情投入，哪有学生的真情回报？"逼学生改过"常常出现事倍功半的结果，有时还会造成师生之间的对抗情绪。如果我们在教育学生的过程中给学生一个台阶，就能收到事半功倍的效果。

　　给学生一个台阶下，从教育机智的角度看，其实也是给自己一个台阶下。这是一种冷处理的教育方法，它可以避免矛盾升级，也为后面妥善解决矛盾留下了思考的时间、空间。

　　给学生一个台阶下，不是教师对学生犯错误不管不问，消极退让，而是使用更机智的措施、方法，在保护学生自尊心的基础上触及学生的心灵，唤起自尊，引发自悟。

　　给学生一个台阶下，在教育学生的过程中不仅能化解矛盾，走出尴尬之境，也可以使学生提高认识，提升精神境界，这是上一个台阶。

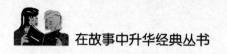

我欠你一张奖状

◇ 惊蛰雪

大伟，好久没有你的音讯了。此刻，你还在秋风瑟瑟的水乡卖菜吗？还是在武昌街头修理汽车？漂泊的故事是否讲完？也许你正在弹着吉他，对着长江唱那首忧伤孤独的歌。你会想起我欠你的那一张奖状吗？

屈指算来，已过了整整 7 年。你上学太晚，16 岁才上五年级。我那时常以此嘲讽你，对付你的"小毛病"。你眼角里的恼怒与怨恨，总是招来我肆无忌惮的恶语相向，甚至拳脚相加。直到此刻，我好像才猛然醒悟，那怎么也不能算是你的责任呀。

你从来不肯回答任何问题，倒常提些"怪"问题，引得班里学生哄堂大笑。对你的"问题"，我不屑一顾："站起来能跟老师比个了，除了捣乱你还有啥本事？"好几次你听到这话，动动嘴角却没吐出一个字，倔强地扭着头，斜着眼。你不服气。我现在也觉得那时自己是"外强中干"，除了仗着"我是老师"外，再也讲不出什么道理让你心服。

你有极好的音乐天赋，无论什么歌你只要听一遍，就能哼出调来。你前年回来告诉我，你在武昌忙里偷闲，跟一个流浪歌手相处了三个月，连识谱带弹吉他一并学会了。可你上学时，同学们唱歌，你就是不张嘴，什么这歌老掉牙那歌没劲，还怀疑音乐老师的水平，只因为她不教乐理知识。你对其他老师的恭敬也远远不够，你说你想知道的没人讲，不用学的偏偏满堂灌。你能赢得哪个老师的欢心？你走路都带点"狂"。

我那时不会为你辩护，因为那时我也觉得你不像个"学生"。你曾反问："当学生得要个啥样？我学学。"

你的家境有些困难，兄妹三个都在上学。你是老大，年龄似乎也不小了，你爸多次威胁说不让你再上了。临近寒假的一天，你对我说："期末给我发个奖状吧。我爸说，我要不得奖就不让我上学了。""你要考到前几名，奖当然给你。"我根本就没把你的话当回事。"要是能考到前几名，谁还给你说好话？"你一点求人的意思也没有。"你这学期先给我奖状，下学期我一定考到前几名。""你不是怕挨打了吧?"我毫不通融。"真的。我爸真的不让我再上学了,连春节都不会让我安宁。"你急了,我仍不为所动。我想我应该平等公正地对待每一个学生,谁想在我这里搞特殊,没门!

期末考试成绩,你竟拿了个第15名,但还是够不着奖。过完年开学,你无奈地对我说:"我咋说你才信?我爸说死也不给我钱了。我吵也不中,我妈也不管了,已跟人说好让我跟建筑队'劳改'去。"

"我现在去跟你父母说说,行吗?"尽管我对你的"毛病"很讨厌,可我绝对不希望你失学。"晚八百年了。"你丧气地躺在椅子上,仰面朝天闭上眼睛。

以后你常来信讲你的欢乐、气愤、孤独,还有梦想。我好像才发现你是多么纯真、坦诚、善良、正直、坚强、有智慧……

你每次回来都对我说,没上学最亏。你不甘心过漫无目标的生活,你不想任人驱使,也不想沉沦无为。你甚至曾试图自杀……

因为一张没有得到的奖状,你陷入了无边的苦恼之中。

一颗难以下咽的苦果

◇ 逢大风

1989年,我从大学英语教育专科毕业分配到家乡县城的一所初级中学工作。时间过得飞快,我的英语教学有声有色,很受学生欢迎。我的班主任工作认真细致,能和学生打成一片,各项活动开展得很好,同学们高兴,领导也很满意。

转眼迎来了1990年。元旦过后,同学们像归巢的鸟儿又全返校上课了。当天下午上课前,班上的学习委员小梅匆匆来到办公室向我报告,说她叔叔送给她的一支价值48元的永生金笔失窃了。我好不蹊跷,接管这个班3个月来还从未听说过班上有什么东西失窃。第二天上午做完课间操后,小梅又急匆匆地跑来办公室,她涨红着脸,激动地告诉我:她看到她失窃的笔在王为民同学那儿。下午第二节课后,我将王为民叫到办公室,先和他谈谈学习情况,接着又和他聊聊班级情况,后来又和他扯扯家庭情况……关于钢笔的事,我实在不好开口。最后，我还是提了，问他用的什么钢笔，好写吗？他说，是一支永生笔，很好写。我问他什么时候买的，是爸爸妈妈买的吗？他不吱声了，我叫他回教室把钢笔拿来给我看看，他不肯，一动不动，我发了点狠，他才无可奈何地从教室里拿来了钢笔。我再三问他钢笔是谁送给他的，他就是不吱声，似乎拒绝回答。我在起疑之后生气了，强行没收了那支笔。

第二周的星期一，我把小梅同学喊到办公室，将钢笔拿出来，她一看就认定是她的。她拿笔写了几下，说可以拿她的练习本来比较，一样的墨水，一样的粗细，还说同学借用过的，可以请来作证……

真让人犯疑了：王为民性格内向、守纪律、不调皮，成绩中上，他父亲是个体户，操持白铁手艺，对他要求甚严，从不娇惯，他怎么会拿同学的钢笔呢？我百思不解。但事实却明摆着……

我于是去王为民家家访。王为民父亲放下手中活计，支使儿子去上学后就和我聊了起来。我介绍了王为民的情况：遵守纪律、学习认真、成绩上游……最后，我终于鼓起勇气，以更婉转的语气问王为民父亲最近有没有给儿子买钢笔，王为民父亲一下子愣住了，片刻，他连说没有，反问我是怎么回事。我只好把事情和盘托出，并再三说王为民是个好学生，千万不能骂他。

后来我知道，王为民当晚回家就挨打了，而且还被打得不轻，但关于钢笔的来历他就是不说。

此后王为民就不来上学了。我家访了两次后，他父亲斩钉截铁地说："为民不上学了，在家跟我学手艺。"我把这件事汇报给了校长，校长和我一起家访，王为民父亲脾气倔强，就是说服不了。

班上走了王为民，我心里像是失落了什么似的。那支永生钢笔，我也没有交给小梅，一直存在我的办公室抽屉里。

很快，学期结束了，学校清理失物箱时发现了一支永生钢笔。我惊呆了，拿出我抽屉里的那支一比，一模一样。真相大白了。我毫不迟疑，随即就赶到王为民家，送还钢笔，赔礼道歉，真诚希望王为民寒假后返校上课。王为民一声不吭，他父亲直摇头，说不上学了，拉下那么多功课……我费了好多口舌都无济于事。

后来我才知道，王为民的那支永生钢笔是他在卫校读书的姐姐的男朋友

瞒着王为民父亲偷偷送给他的。

日月如梭，一晃，又三年过去了。家里的铅水壶底坏了，一个星期天的上午，爱人拿上街去修理，正好送到王为民家。下午我去取水壶，看到王为民。他长高了许多，已经是个小伙子了。我无法掩饰自己内疚的心情，诚恳地对他父子说：王为民辍学，是我的过错。王为民父亲连连说：哪里哪里，这孩子脾气犟，我脾气也犟。我要付工钱，王为民父亲横竖不肯收，说这是王为民敲的，看看手艺如何。

唉，王为民是应该继续上学的，考高中没问题；考大学，估计也有几分把握……

老师的一言一行，一举一动，大多数时候是平平常常微不足道的，可是，有时候竟能影响学生的一生。

一粒苦果，一粒难以下咽的苦果……

撕心裂肺的伤痛

◇ 李秀荣

校政教处主任站在一楼会议室的主席台上，向毕业班的班主任们宣布：各班预定"三好学生"候选人两名，最后确定一名，这名"三好学生"可以在中考成绩上多加10分。各班一定要严格评选，力求公平、公正、公开。

我手里紧紧攥着那张候选人表格，似乎攥着几个学生的前途和命运。往年由学生推荐候选人时，票过于分散不够半数，出现了许多废票，选了一次又一次。所以今年采取由班主任牵头任课老师加盟的办法。那么选谁呢？我从会议室出来，一边攀着楼梯，一边用大脑过滤，两个名字渐渐清晰——张波和苏静伊。

张波是班长，学业成绩年级前三名，校运动会跳远冠军，班级工作很出色，是我的得力助手，为人宽宏大度，热情周到，对人对事有独到的见解，在同学们中威信极高。可以肯定地说，如果学生选举，他会得全票！苏静伊是语文科代表，活泼开朗，多才多艺，曾在市级演讲比赛中获一等奖，学业成绩年级前五名。她是女生的主心骨，男生们也佩服她。若是同任课老师沟通，客观评选，两位候选人非他们莫属。凭着三年来对班级情况的掌握，我坚信这个判断是正确的。

可是赵老师的孩子赵羽怎么办？班里比他"三好"的有十五人之多！赵老师曾经暗示过，我当时装糊涂混过去了，现在还考虑他吗？先不去管，反正赵老师最近也没有明说，不要因为人情面子委屈了那些更好的孩子，再说政教处主任开会时讲得很坚决，一定要走正规程序，把本班最优秀的学生选出来，最后还要张榜公布。想到这里，我主意已定，脚下的步子轻快了起来。

一推门，天哪，赵老师已经在办公室等我了！我立即感到胸口像堵了什么东西，呼吸有些不畅了。

"我跟政教处主任说过了，你直接填吧。"他开口了，轻轻松松的。

我半天没吭气，等了好一会儿，才挤出一句"和其他老师商量一下再说"，表格上确实也有任课老师的签名栏。

"也行，不过我都问过了，他们都同意！"我的这位同事有点不耐烦了。

"我再到校长那里看一下今年的政策。"我尽力将天平的指针指向零。

"校长那里我也去了，他说，跟你说一下就行。"语气还是那么坦然轻松。

"你先走吧，我考虑考虑。"我觉得应该慎重些。

赵老师走后，我马上跟几位校领导和相关教师逐个打电话，结果都一样：按正规程序走，实在拗不过，可以先把赵羽定为候选人，至于最后是否入选就管不了。

这个结果是我意料之中的。因为几年来，在同等条件下，三好学生的名额都是优先让给教师子女的，大家都达成了共识：我们老师没有什么本事，这点光还沾不上？如果够条件，老师的孩子也可以当"三好学生"，"举贤不避亲"嘛。

前几年选出的教师子女"三好学生"基本上是符合要求的。

可是赵羽差得太远了！我想对赵老师说，应该让孩子追求真正属于自己的那份东西，这对孩子的成长有利。我拿起电话，拨通了赵老师办公室的号码："赵老师，我给你说，别看得太重——"

"什么也别说了，同事一场，这点面子你都不给，成不成就看你了！加上10分，他就能考上高中，不加就可能考不上。那些学习好的学生不需要。"

是啊，赵羽也是我的学生，多考走一个，我这当老师的不也很光彩吗？再找一下其他老师，看他们怎么说。

我又挨个征求了一遍任课老师的意见，大家都说这件事你班主任决定吧，你说谁就谁，我们历来都是只管签字。

不用找人商量了，所有人心里都像明镜似的：赵羽肯定不够"三好学生"的标准，但谁都不愿破坏这个规矩，怎么办你自己操作。现在摆在我面前的就是一个原则和人情的问题，坚持原则对我的学生有利，注重人情也对我的学生有利，受益的都是我的学生，二者不排斥。从历年中考录取情况看，赵羽很可能在录取线的边缘，还是给他一个机会好。原则要讲，人情也要讲嘛！如果把赵羽定为候选人，苏静伊就没有希望了，没关系，苏静伊竞争不过张波的，推上去也会淘汰。推上赵羽，既给了同事面子，又对张波没有影响，还是这样做两全其美。天平的指针开始晃动起来。

于是我就在候选人的表格上填下了张波和赵羽的名字，从政教处换回了"三好学生"正式名单。我心中隐隐觉得有愧于苏静伊。

这时赵老师又找我来了，我告诉他赵羽已定为候选人时，他说，要的是最后的结果，我说那要看同学们选了。他说："你的鼓动工作非常重要，张波已经有了体育成绩加分，最后不进行重复加分，给了他等于浪费。"这倒是实情，我怎么没想到，为什么要做无用功呢？说简单了，"三好学生"的价值就是一个"10"的数字，哪有那么复杂，应该把这个数字给最需要的同学，既然到了这个地步，就做到底吧。我人情的砝码加重了。

趁着课间，我把张波叫到面前："你已经有了体育成绩加分了，这次的'三好学生'可以放弃吗，让给别的同学。"这个孩子闪着透亮的眼睛，很爽快说："行！我有加分，就不要了。"此时我的心里坦荡起来，原来这样做也不错！

班级选举之前，我宣布："'三好学生，必须在两名候选人中产生，不得另选（有市教育局文件）。"顿了顿，又含糊地说道："张波已经有了加分，他本人放弃了，大家可以考虑另一名同学。"投票开始了，起初孩子们的态度又认真又庄重，不一会有一些孩子的脸上出现了疑惑的表情，一个很小的声音传进我的耳朵，却如炸雷："怎么没有苏静伊？"接着又一个"孙雨蒙也没

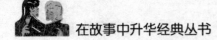

有"，也有说"不知道，乱填"的，我的心忽然局促起来，脸有些发热。

选票陆续交了上来，我两眼飞快地扫描，看到赵羽的名字频频出现，估计成功了，就按规定，找了两个计票人，两个唱票人，当场亮票，全班44人，赵羽36票，张波8票，赵羽的票数达到了百分之八十，"堂堂正正"地当选了！我瞥了一眼赵羽，他的脸红通通的，把脖子弯得极低。

我站在讲台上，宣布了最后结果，班里一片沉寂，没有出现以往的掌声。孩子们一个个木然地坐着，这分明是无言的抗议！教室里弥漫着灰暗压抑的气息，这种气息在我和孩子们之间是从来没有过的。我突然感到异样的难过！远远超过了刚进教室时的坦荡，我不敢再看那些清纯的被我愚弄的眼睛，草草收了选票，匆匆离开了教室。

一进办公室，愧疚悔恨的泪就簌簌地流了出来。我是多么的浅薄，把"三好学生"解读成一个干瘪的数字；我是多么卑劣，把这次评选当作自己的私有权利随欲滥施，为了升学率高那么一点点，为了同事的情分，我竟蒙蔽了孩子们洁净的心灵！他们会对我失去信任，他们会感到悲哀——自己深深敬爱的老师怎会如此不公！我仿佛听到孩子们在哭泣。是的，选票上写满了赵羽的名字，可那是由于我曲线的引诱与强迫！羞愧强烈地吞噬着我，我没有勇气填写这张圣洁的表格。

可是，赵老师和政教处主任来了，他们来要结果了。看到选票，赵老师高兴地说："等我儿子考上高中，我请客！"政教处主任问道："是全班同学选出的吗？操作环节漏掉了吗？""正常……"当着两人的面，我其他的话一点也说不出。"那就快填表，我们要张榜公布。"

我骑虎难下，犹豫了半天，最后在两人的期待中，还是填上了赵羽的名字。我心灵的天平又一次失衡，这一次，竟是撕心裂肺，留下了永远无法弥合的伤痛。

一封迟来的信

◇ 邹仕萍

那年秋天，我刚从师专中文系毕业，回到了初中时的母校任教。这是一所比较偏僻的农村中学，很多老师都不愿意来，所以学校的学科教师搭配也很不齐全。校长听说我以前数学学得特好，就安排我教初中一、二年级各一个班的数学。虽然明知难度很大，但是和许多年轻人一样，我的心中充满了激情和抱负。

然而，事非经过不知难。原以为凭着自己对数学的偏爱和刚上讲台的激情完全可以教好书，谁知才干了两三周就让我后悔不迭了：上一年级这个班级还稍好，二年级的那个班简直没法上，任我千方百计也无法调动超过10个同学的学习激情。他们上课时总是那样没精打采，问他们问题好像总是一问三不知，哪怕再简单的问题也是一样，这让我十分头疼。一打听才知道：那个班进初中时的底子就十分糟糕，我接手之前还考了个全区倒数第一，平均才29分！真是不问还好，因为至少心中还有希望，这一问犹如当头一棒，打得我原有的斗志、信心、激情全没了踪影。29分啊！我可怎么教！

从那以后，我的态度发生了彻底的转变，我认为这个班没有什么希望，根本不可能出什么成绩，因而我就完全放弃了这个班级，每天只管按时到班上课，对于他们的作业，明知道是抄的，也不再过问。至于和个别同学谈心、解决他们的思想包袱就更不可能了。虽然我也知道这样做是错误的，而且良知和责任感也曾时时来拷问我的灵魂，也曾使我一度心存不安，可是一想到他们的状况和看到坐在教室里的那一张张麻木呆滞的脸，这些不安和拷问像昙花一现一样很快就消失了。他们自己都不急，我又何苦干着急呢？只要能使要学的那几个同学学好一点就可以了。同时，我还暗暗制定了自己的逃逸计划：只要能把这一年熬过去，明年打死我也不来教他们了！这样一想，身上倒也渐渐轻松了许多。

一年的时间很快就过去了，我的如意算盘也换回了令我"心安"的结果：学年统考这个班仍列倒数，不过幸运的是不再是第一，而是第三。我拿着成绩去找校长，要求下学年换教我的本专业——语文，经过一番软磨硬泡，才终于说服了校长。包袱卸下了！终于卸下了！我感到了一年来从未有过的轻松，我终于躲开了那令人窒息的班级，那令人快要发疯的课堂！

接下来的学年，我开始教起了我的本专业，心情的轻松是自不待言的，而时间也像平静的河水一样悄无声息地流逝。一转眼，三四个年头就过去了，第一年那段痛苦的经历也随着我的语文教学越来越得心应手而被渐渐淡忘了。但是，后来读到的一封信，却使我不得不再次直面那段经历，并且认真地思考自己曾经做过的一切。

那是去年我搬家时从数学教材中发现的一封信，信纸已经发黄，上面工工整整地写着：

尊敬的邹老师：

您好！一年来我们一直都想给您写封信，对您说说我们的心里话，可一直都不敢，因为怕您生气。今天，我们终于鼓起勇气给您写了这封信。

您是一位很好的老师，我们全班同学都很喜欢您。不过，要是您能一直都像开始教我们时那样，那该多好啊！至少我们班大多数同学都会有较大长进的。本来，我们的基础是很差的，很多同学都不想学了，可是因为您，有不少的同学又开始摸起了书本。但是，这时您却放弃了！不过，我们也并不怪您，谁叫我们那么差呢？……

令您伤心的98级3班的同学

信的书写日期是1997年6月29日。我想起来了，那是我上他们班的最后一节数学课！一定是哪位同学在上课时悄悄把它藏进我的书中。看完这封信，很长时间我都没有回过神来。错误！我犯下了一个多么愚蠢的错误！我已用爱心和激情在大多数同学的心里播下了一颗颗希望的种子，本应该继续给他们补充能源，而我却忽略了他们的进步，我所看到的只是他们的不思进取，还有他们的基础太差。而且正是我的这种无情将他们原本已点燃的进取之火——掐灭、彻底摧毁！

我好后悔！在从教的第一步征途上，我就交了一份不合格的答卷，犯下了一个老师根本就不该犯的错误！要不是这封信，也许我就永远心安理得地把它遗忘了。而如今，这个错误却像磁石一样深深地吸附在我的心里，无论时光再怎么流逝，它都会是我心中永远也无法忘却的一段痛！

这可是几十个同学的大好年华啊——虽然并非我一个人的过错，但毕竟我有无法推卸的责任！所以一直以来我都想挽回因这个错误造成的损失。然而，覆水难收！在今后的日子里，我只有把它牢牢地记在心里，时时刻刻鞭策着自己的言行，才能稍稍宽慰我的灵魂，也才能照亮我前行的路，让我不

至于再有遗憾, 再有悔恨!

无言的谴责

◇ 董海莹

人言岁月无痕, 而我感恩岁月有痕的生活。有稚童相伴的日子怎能无痕? 岁月流逝, 爱痕却越来越深, 从中我悟出了许多做人的道理和教育的真谛!

我永远不会忘记那双眼睛, 那双充满谴责的眼睛, 尽管这无言的谴责使我内心痛苦多年, 但我宁愿承受, 宁愿这谴责陪伴我一生……

那双眼睛曾经那么熟悉, 曾经那么明亮, 充满好奇; 那么清澈, 充满天真。

那是六年前的事了。小川, 一个很帅气的男孩, 期末考场上他愁眉不展, 站在一旁监考的我心里却有几分得意: 他平时不勤奋, 作业拖拖拉拉, 学习态度也不端正, 我的苦言相劝常成为他的耳边风。这次正好让他吃些苦头, 吸取教训。

果然, 小川的成绩很差。我心里很烦, 如果没有这个 "包袱", 我们班肯定更棒。我多么渴望他不是我们班的学生!

机会来了, 我做出了让自己一生不安的举动: 校领导因我们班人数太多同意留级一人。我兴奋不已, 千方百计与他父母谈话。就这样, 我很 "成功" 地让他离开了我们班级。

我记得, 他十分沮丧地离开自己当作 "家" 的地方时, 眼里满是留恋。当他的目光扫过我的脸时, 我的心猛地一阵刺痛。天啊, 那眼睛里分明没有了明亮和清澈, 那目光中透出来的也不是好奇和天真, 而是让我心碎的冷漠与谴责。是我夺去了他的快乐, 是我让他陷入了灰暗的没有自信的生活。我在他的心灵上留下了一道深深的伤痕。

后来, 我被选派到上海进修, 回来后重新接班。在这一年里, 我研读了很多教育理论, 也反思了自己几年来的教学, 最使我感到惭愧的就是小川这个孩子。他该上五年级了吧, 他能原谅我吗? 但愿他能忘记那件事……

高校进修回来后的一天, 我迈进学校科技楼时, 感觉到有一双眼睛在盯着我。我放慢脚步寻觅，天啊！个头已比我还高的小川，在班级队伍里站着准备去科技楼音乐教室上课。目光相对，他连忙把目光移开。我想跟他打招呼，又怕伤害他已脆弱的自尊。我猜想他肯定不愿意我在他现在的同学面前提起往事！我默默地走开了。

我常忆起那双眼睛，它时刻在告诉我：教师如果没有能力点燃火种，也绝不能熄灭火种！

小川，我在心里诚恳地对你说了无数声的"对不起"，也对你说了无数声的"谢谢"。我不奢望你原谅我，但我真的感谢你。我无言的悔恨在你无言的谴责前显得那么苍白，我留下你给我的财富。我常想，如果当年我少一点自私，真正为他着想，让他生活在亲密的伙伴中间，生活在视为"神圣"的老师身旁，他肯定会努力的。我想现在的他，那双眼睛一定在明亮中多了几分睿智，在清澈中多了几分成熟……

面对眼前同样充满好奇和天真的孩子们，我十分珍惜，内心总是感动不已。我要爱护每一个孩子，在乎每一个孩子的感受，让每一个孩子的心中充满阳光，让每一个孩子在爱的抚慰中成长。

让我们记住吧：岁月有痕。让岁月留下的不是伤痕，而是爱痕。

"别再叫我老师"

◇ 杨　鹏

我一直在打听有关陈思的消息，直到去年深秋，昔日的老同事来电告知，他已考上哈尔滨工业大学，我心中的愧疚才略有减轻。

陈思是我在高峰村小学教书时的学生。他家里虽穷，但人很聪明，被同学们美其名曰"陈满分"。我也常因此而骄傲。其实，不仅他出色，全班34人，除那个又黑又瘦的陈小娅有些"丑小鸭"的味道外，个个都是好样的。五年级期末统考，该班数学科平均分高达91分。这在镇上一时成了新闻。

不过，我并不因此而沾沾自喜。我深知，上级的肯定、社会的赞许绝不会光停留在这方面，关键还得看今后能有多少人考进镇上的中学。为此，我追求的目标是升学率要达100%！

为了实现这一目标我使出了浑身解数。但我还是放心不下那个陈小娅，担心她一旦失手，便毁了我那近乎完美的计划。于是，我找来自己的得意门生陈思面授机宜："陈小娅家里很穷，如果今年考不上，以后就再也没有机会读书了，老师希望你能在关键时刻帮帮她。"最后这句话我说得很慢很重，见陈思高兴地点头，我才放心地让他去。我想，响鼓不用重锤敲，像陈思这等冰雪聪明的孩子，他应该听得出老师这话的弦外之音吧！

我静静地等待着考场传来的好消息……

考完那夜，月明风清，班上举行告别晚会。别看我平时一脸冷血，真要与这些心爱的孩子们挥手告别时，心头总是别有一番难受的滋味。但天下没有不散的筵席，晚会在一首《难忘今宵》中落下帷幕。我与同学们挥泪道珍重，临走时却听到陈小娅号啕的哭声。当我得知她是因为今天应用题全没做时，顿觉一阵心凉。

陈思忙跑过来想解释。我一见到他就血往上涌，我记得当时他只喊了声"杨老师"便被我一阵痛骂："别再叫我老师，我没你这样的学生……"

过后，我隐隐觉得当时对他的态度有些过分。但我想，你陈思也太不像话了。老师平时待你不薄，你没钱上学，深圳爱地集团公司给我班唯一的贫困生捐助指标我都争取来给你，你吃不饱我也没少给你开小灶，但到关键时刻，你就不买老师的账啦！

接下来的暑假，除陈小娅之外，其他同学都领到了录取通知书。那天，陈思到学校找我，向我索要深圳爱地集团公司的通讯地址。我猜想，肯定是没钱上学又来求我了，你这知恩不报的小人！刹那间，我似乎看到了那个号啕大哭的陈小娅，顿时便没了好脸色，一气之下，冲口而出："你有事晓得找杨老师？不知道！"说完转身进屋。

后来，我得知他是一路哭着回去的，我不免有些后悔。仔细想来，他好像也没有什么不对，何况他还是个孩子。但这点悔意随着新学期的到来便慢慢淡忘了。

我继续挥舞教鞭在那个山村驱赶寂寞。一天，校长把我叫到他的办公室，递给我一个信封连声夸赞"干得好"。我一看他满脸的阳光就知道准是好事。取出一看，有两封信。一封是陈恩给深圳爱地集团公司去信的复印件，大意是说，他很感激公司给他的帮助，他一定会好好学习的。同时他还说，他的一个同学陈小娅因家庭十分困难而面临失学，他要求把捐助他的指标转给陈小娅。另一封信是深圳爱地集团公司写给学校的。他们已决定再增加一个捐助指标给陈小娅并希望她好好学习。看完这些，我内心一阵翻江倒海，堂堂七尺之躯第一次当众泪流满面。

我对自己当初的行为深深自责。我拷问自己怎么能用如此低劣的手段去摧残本属圣洁的灵魂？一段时间里，我脑海中时刻闪现两个孩子的泪水，它就像一锅沸腾的油，时刻煎熬着我，让我疼痛，让我悔恨。我不知道，那颗被我伤害的心灵能否重新恢复。

第二年春天，我出席了全县优秀教师表彰大会。接过那本鲜红的荣誉证书，我觉得它像一把沾满血腥的讽刺之剑，直刺我虚荣与功利的灵魂，让我伤痛无言。那是以升学考试为指挥棒的教育见证，这种教育的弊端不仅摧残了学生的心灵，也扭曲了教师的心灵。

后来，我调离了那所学校，又远离了那个小镇，一直没见过陈思。我只想告诉陈思，你就像我当年骂你一样痛快地骂我一句"我没你这样的老师"吧！

别再叫我"老师"，真的。这样，我或许会好受些。

一只折翅的鹰

◇ 李稳姣

那是我第一次当班主任时，当时没有一点带班的经验，但在领导殷切的目光里，我还是义不容辞地揽下了班主任的差使。

杰是我校第一届预科班的学生，那年，进入高一后重点"照顾"的就是这些学生，校长说，只要能把他们管理好，估计学校里就不会有什么意外情况发生。于是，高一的班主任们都开始重点对付这些学生，无论是从纪律上还是学习上都严格要求。

杰很少上早操，我在一次检查中终于抓住了他。于是，我按班规处理，罚他在操场上跑三圈，我在旁边看着。当跑到最后一圈时，我看到他已经很吃力了，但我不能轻易地坏了我们班的规章制度，于是我就陪他一起跑，在跑完最后一圈后，杰小声地对我说："老师，今天您罚我跑步的事，一定不要跟同学们说啊！"我听了杰的话笑了笑，心想："这不，还挺有自尊的吗！"于是就朝他点了点头，算是答应了。

从此杰就开始上操了，他曾对我说，他在预科班的那一年就没有上过操。我心想：班主任怎么能如此放任对他的管理啊！感慨之余，还是得加紧对杰和班级的管理。

没多久，杰又因为和其他同学打架被政教处的老师抓住了，没办法，只好请家长了，因为学校有规定的，参与打架就得开除，可是，杰不知道从哪儿"请"来了一个家长，说是他大爷，说是父母忙，只好让他大爷来了。我明明知道杰说的是假话，但还是"信"了他，我对他大爷说了如下的话："我不管你们是什么关系，我今天信了你们，关于杰的事我都给你说得清清楚楚了，今天杰无论如何得写一份保证书，保证以后再也不犯任何错误。只要杰犯了错误，哪怕是小小的错误，他就得走人，要在保证书上写清楚。"杰只能照做，我也就让杰进班学习了。

但不久以后杰的老毛病又犯了，又一次不去上操，当我把凳子给他撤掉，问他不上操的原因时，他竟编了个谎话来掩饰错误，说什么晚上睡觉不小心掉下了床，磕破了手，右手还真的包扎了起来，演得很逼真，看后让人啼笑皆非。我没有因为他的谎言而原谅他，我向政教处汇报了他在我们班的所有表现，并递交了他写给我的保证书。在事实面前，杰无话可说。于是杰告别了他不太喜欢的校园，虽然在高中还没有一年。

杰走的那天我正在别班上课，那天，我静静地站在别班的门口，我不想回避他。当杰从我身前经过时，竟然轻轻地对我说："老师，我走了。"我只"嗯"了一声，心里不知为什么竟有一丝的颤动，有些后悔：是不是自己对他有些过分了？如果他不说谎的话……

等到这一届会考时，班长问我杰的通知单怎么处理？我说："给他捎过去吧，他完全可以来参加会考的，只要他愿意。"第二天，捎信的同学告诉我说："杰自从离开了校门后就去广东打工了，他不会再回来参加考试了。"听完这句话，我的心里又有了些失落，想不到这孩子还真有个性！

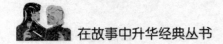

对于杰，我的心中总觉得有些愧疚，或许。这只折翅的鹰虽然不能自由地飞在广阔的蓝天上，但，我们可以帮助他，让他的伤口慢慢愈合，毕竟，未来有的是希望。可如今，老师只能轻轻地问一句：杰，你在他乡还好吗？

那张撕碎了的生日贺卡

◇ 王建强

在我的抽屉里珍藏着一张撕烂了但又贴得很完整的生日贺卡。看到这张贺卡，我就想起了多年前的那一幕幕。

那是1997年秋，大学刚毕业的我被分到了一所农村乡镇初中当了一个慢班的班主任，当时我手下的40多号"兵"全都是来自农村贫困家庭，并且他们的基础都非常差，曾跳出"龙门"的我深知读书的不易，于是就把自己的时间和精力全都放在这些可爱的孩子身上，全身心地投入到学校的教育教学工作中去。

一天晚上，我按照惯例，上完晚自习后就回到了寝室。当我拉亮了灯，霎时，一封用白纸包着的东西忽然跳入了我的眼帘，这究竟是什么呢？怀着好奇心的我迅速撕掉这白色的包装纸，一张小巧而精致的生日贺卡落在我的书桌上。原来是我班上的学生趁我不在时悄悄地把这张生日贺卡从窗子缝里扔了进来。我小心翼翼地打开这张生日贺卡，一首熟悉而轻快的"祝你生日快乐！祝你生日快乐……"跃入了我的耳朵。今天是谁的生日呢？我仔细一瞧，只见贺卡里面还写着一行歪歪斜斜的小字："祝王老师生日快乐，万事如意！你的学生赵学强。"我心里一喜，哦，今天是我的生日，我居然差一点就忘记了！但令我百思不得其解的是：我从来没有告诉班上任何一个学生我的生日，他又是怎么知道的呢？最让我感到生气的是：这个小子居然吃了豹子胆，竟然敢违背班规。原来，我早在走马上任当班主任时就向全班同学宣布了班规，其中有这么一条：凡是在节假日或我的生日，不允许任何同学以任何形式给老师送礼！看来，我得好好收拾这个家伙，给他点颜色瞧瞧。

于是，怒气冲冲的我马上派人去找这个叫赵学强的"罪魁祸首"前来受训。一会儿，他来了，看到我生气的样子，赶忙低着头，双手不停地搓着，怯生生地站在我的面前，像一个犯了错的羔羊。我指着贺卡，大声地对他说："你是怎么知道我的生日的？"他小声地说："是你的一个亲戚告诉我的。"我接着说："你知道咱们的班规吗？"他点点头，低声地说道："你对我们太负责了，我买不起昂贵的礼物送你，我只好买了这张生日贺卡来表达我的心意！"我拿着贺卡，带着责备的语气对他说："我非常感谢你对我的祝福，但我不能收，因为我不能违背班规和我的诺言！"于是，我把贺卡丢在他的手中，说道："拿回去吧！"他紧紧地捏着贺卡，转身就跑出了我的寝室。在他转身的一刹那，我看到了他那双眼睛噙满了泪水。

第二天，我在寝室旁边的空地上看到一张被撕碎了的生日贺卡，我捡起来一看，原来就是昨晚赵学强送给我的那张。看到这满地的碎片，我的心里顿时一惊，昨晚只顾训人却没有顾及孩子的心，没有领悟孩子的一片真情，我深深地知道由于我的不慎而伤了一个孩子的心。于是，我俯下身子，怀着歉疚的心，把这些碎片一点点地捡起来，并迅速赶回寝室，用胶水把这些碎片一点一点地粘起来，我明白，我虽然粘好了这张生日贺卡，但我无法抚平那颗被伤害的心。

后来我还听说，那天晚上，许多学生准备前来向我祝福，但看到我正在训斥赵学强，他们不敢见我。而被我训了的赵学强，回到寝室，居然伤心地痛哭了一场。

岁月在流逝，但伤痛是无法抚平的。我永远不能原谅自己，正是因为那张生日贺卡，我深深地伤害了一个孩子纯真的心！

那冷峻的目光

◇ 吴桂琴

时至今日，我的眼前挥之不去的仍是那对乌黑的大眼睛——那闪烁着不满的眼神令我惶恐不安，那冷峻的目光令我汗颜不已。

小伟，你能原谅我吗？

20岁的我初登讲台，带着年轻人的热情与梦想，我很快与那些孩子们打成一片。小伟是这些孩子中活泼得有些过火的一个，他会在上课时跷起二郎

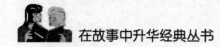

腿；晃着脑袋；会趁你不注意时，溜离座位；会跟你唱反调；课后还会惹是生非……为了改变他，我尽可能地让他展现自我，同时很婉转地让他认识到自己的不足，可他还是没有转变——也许压根儿就没有理会我的一片苦心。终于有一天，一件小事成了导火索，使我"火山爆发"。

那是一次语文复习课，我让学生对一道题目质疑，小伟把手举得高高的，我没让他失望，请他回答。但他的疑问却"文不对题"，与本题目毫无瓜葛，再看到他那吊儿郎当的站姿，我火了："都到什么时候了，还胡扯！"批评与训斥如决堤的洪水倾泻到他头上："你怎么搞的，老是心不在焉，整天晃来晃去的，长大了一定是个二流子！真是无药可救！"顿时他泪涌如泉，透过那模糊的视线，我触到了一束冷峻的目光。我的心不禁为之一颤，一种深深的负疚感一下子涌上了心头，我对他都做了些什么？静下心来思忖——他的疑问其实很有价值，是对前一题有新想法，但我却……一个孩子奇异丰富的想像，鲜明的求异思维，正一点一点地被我扼杀、磨灭，想来真有些后怕。我躲过他那冷峻的目光继续上课。

但不久后，我渐渐地发觉他有点儿破罐破摔了，你讲什么他都充耳不闻，眼神中充满了不屑与愤懑。一阵悲哀从我心底升起，我仿佛经历了人生中最大的一次失败。

其实我知道，他一定努力过，但心高气傲的我却过于粗心草率，使他的努力得不到应有的及时的鼓励。一句句无情的责骂，一声声厉声的呵斥，把他那脆弱的自尊撕扯得粉碎，把他那稚嫩的童心踩躏得满是伤痕。

苏霍姆林斯基说："亲爱的朋友，请记住，学生的自尊心是一种非常脆弱的东西，对待它要极为小心，要小心得像对待一朵玫瑰花上颤动的露珠。"我深知我曾经是多么无知、粗鲁地伤害了小伟那颗稚嫩的心。

所幸的是，事后我也克服了所谓的"师道尊严"，鼓起勇气，与小伟进行了一次交流。他说："那天，我对你说的题目没有疑问，而是对前一题有新的想法，我不是不认真听讲，故意捣乱……"当时，我清楚地感觉到我内心涌起一股从未有过的冲动，我鼓起勇气，郑重地说道："老师错了，不应该发那么大的火，向你道歉，请你原谅，好吗？"他默默无语。我知道，我对他的伤害不是一句道歉所能弥补的。

孩子是有差异的，小伟是那种个性特强的孩子，其实，他与其他孩子一样，只不过他的表达方式直接了些。希望老师们不要像我一样无知而粗鲁地伤害孩子那颗脆弱的心。

理解关爱孩子吧！小心去呵护他们的心灵，这是教育的艺术。

你还裹着面纱吗？

◇ 刘道梁

那天，我从菜场买菜回来，骑着自行车，从坡上冲下来。或突然间被一双幽怨的眼睛慑住。是你。你裹着面纱，掩盖着那被硫酸毁去的容颜。

事情已经过去了很多年。多少故事已往事如烟，多少学生的记忆只剩下一个个空洞的名字，有些甚至连名字也忘记了。可你，我却永远也无法忘记！不，是不能忘记！怎么能忘记呢？

1993年春天来临时，整个班级的同学都在认真备考。可我却一直想着调离本校。当时，校领导和一些老师反映说，班里一些违纪捣蛋的学生将会影响整个班风，影响这一届学生的前途。可我并没放在心上，心想，反正带完这一届我就要远走高飞。于是，我没有很好地把心思放在班级管理上。

你是班级里调皮捣蛋者之一，违纪、拉帮结派、抽烟、说谎等等，一切中学生有的坏毛病，几乎全被你沾上了。一直从高二文理分科以来，你就在这个班。我也一直对你很不满意，心里想，哪一天你离开这个班，那该是多好啊。你的"劣迹"我很早就从你初中老师那里了解到了。可我也就这样把你当成"坏学生"了。其实，后来我发现你并没有人们所说的那么"坏"。你很能团结同学，很有组织能力，很想把学习提上去，你的体育成绩一直拔尖，校运会时你一直是我们班主要拿分者……依今天的眼光，你的优点我数也数不完。

可我还是想让你离开这个班级，到高中最后一学期你还没有离开这个班级时，我就感到失望了。于是我不理你，不管你。于是，你仅有的上进心消失了。进入复习最为紧张的五六月份，两极分化越来越严重，于是你彻底放弃了。

终于，在一个深夜，学校的一个领导把在睡梦中的我敲醒，说出事了。当时，我还没反应过来，等到见到你时，你已经躺在了医院的病床上。你在熟睡时，有人将硫酸泼洒到你脸上！后来公安局介入调查，可调查的结果太令人吃惊了——你早恋了，不仅如此，还涉嫌一起流氓强奸案！虽然此事因多方原因而不了了之，但事后人们都猜测你的被毁容是被你欺负过的人蓄意报复。

你自然无法参加高考了。可那时的我也无知到了极点，竟然还不知道学校和老师应该负一定的责任！

如果，我当时多一份责任心和耐心，多一份时间花在班级管理上，多去了解每一个学生，多一点走进学生的心灵，也许，你就不会过早地谈恋爱，也不会有这一场悲剧了！

我是不能原谅自己了。虽然，你没有发生生命危险，而且脸部的主要部位也还完好，但从耳根部到背颈仍然严重烧伤。

我一直再怕见到你。可终于还是碰到一起。你没有打招呼，我自然不会怪你，在你面前我再也找不到老师的感觉。我简直愧为人师了！我知道，我这一辈子是要欠你的了，你那幽怨的眼神和裹着的面纱是我心里永远也无法偿清的师德债务！

事情虽然过去了很多年，可是那记忆深处，却有永远无法忘记的悔和愧！

"铁打的营盘流水的兵"。一届又一届的学生从我的教鞭下走向高校，走向社会，我的课堂也越来越精彩，我的班级管理水平也越来越高，我的教育方法也越来越艺术化。如果说，任何历史的灾难都会有巨大的历史进步作为补偿的话，那么，我的教育史上的进步付出的代价也太大了！

我扔了他们的快乐

◇ 郑雪琴

那是一个燥热的午后，火辣辣的太阳晒得人昏昏沉沉的。全校同学都在午睡，而在一个安安静静的教室里，一声怒吼忽然吓跑了所有的瞌睡虫，四十几个小脑袋偷偷地抬了起来，睁大了惺忪的眼睛……

从教已经有 8 个年头了。每当要发火的时候，脑子里就不由自主地出现那个镜头，它就像烙印一样难以磨灭。

其实那真是一件小得不能再小的事了，它发生在我参加工作时的第一个学期。一天中午，我照例守在教室盯着学生午睡，教室里连一根针掉在地上都逃不过我的火眼金睛。只见学生一个个乖乖地趴在桌上，极个别同学实在睡不着却不敢睁开眼睛，只有抖动着的长睫毛暴露出心中的秘密。看着这一片"太平盛世"，我心中不由得一阵阵得意，得意自己初为人师却游刃有余。望望窗外炙烤着大地的阳光，看看教室里静趴着的学生，我轻轻地关上了门，悄悄地踱出了教室，准备去办公室喝一口水。

办公室里坐着许多老师，大家有一句没一句地闲聊。不知是什么话题吸引了我，我也坐了下来，听着，谈着，笑着。等我终于因为不放心学生而站起身时，时间大概已过了十分钟。

我怀着一种奇特的期待的心情慢慢走向教室。我希望我的威信在我离开教室以后还能继续存在。经过第一间教室时，我看见里面没有一个老师，但是学生十分安静；经过第二间教室，里面同样一片寂静。终于我悄悄地来到了自己班的窗边。

教室里的学生谁也不知道外面有一双眼睛正在盯着他们，而我也想不到刚才还安安静静的学生竟然会做出这样令人啼笑皆非的事。表面看上去，教室里似乎没什么大的动静，可是我清清楚楚地看到，有一只又红又大的桃子，正在桌子底下传递，只见这边还在张嘴咬，那边已在挥手要。吃到的，大口嚼着向别人炫耀；没吃到的，恨不得伸长脖子过来咬。虽然大桃子还只被咬了几口，可是我分明感受到了一种躁动的情绪正在班里迅速蔓延，单从几个学生脸上那种压抑不住的激动与兴奋我就可以预想到，要不了一分钟，这个桃子就会把整个教室搅成一锅粥！

太放肆了！一股怒火直冲我的头顶，"砰！"我一脚踢开了教室的门，"啪！"我又狠狠地砸了一下桌子，几乎是声嘶力竭地吼了一声："给我滚出去！"

"咚"的一声，那只才被咬了几口的桃子滚落到了地上，但是，没有一个人站起来，走出去。接下来，教室里是死一般的寂静。不明白事由的学生，揉了揉惺忪的睡眼；闯下祸端的，睁大了惊恐的眼睛。此时，我的怒火已如火山爆发一般不可收拾，我先捡起桃子把它狠狠扔出窗外，再把全班学生骂了个狗血淋头，接下来又毫不留情地把偷吃桃子的几个同学请到了走廊上的烈日下，放学时还叫来了私带桃子到学校的学生的家长……

现在 8 个年头已经过去了，当时我与学生、家长说了些什么，我已经完全忘记了。唯一记得的是，全班学生惊慌失措、大气也不敢出的样子，吃桃子的孩子垂头丧气的样子，还有家长尴尬万分的样子……

当时为什么那么生气呢？现在回过去想想，实在觉得十分可笑。可能是为了维护那么一点尊严，可能是为了挽回那么一点面子，总而言之，只是为了证明我——是一个老师，我是不可侵犯的。可是，我当时却唯独没有想到，我扔掉的不仅仅是一个桃子，还有孩子们偷偷的快乐。好不容易盼走了老师，好不容易掏出一个桃子，好不容易啃上了一口，这对于孩子来说，一定是"千载难逢"，也一定是"蓄谋已久"的。可是这难道不是很有趣吗？而谁小时候不想干一点像这样冒险又刺激的事？假如是今天，我也会上去吃一口，我还要附在他们的耳边悄悄告诉他们："真甜啊！"毕竟吃一个桃子并不会影响午睡，我只会在大家都睡醒之后，再与同学们讲刚刚发生的一个小馋猫的故事，善意地提醒每一个同学：快乐，也要选择时机。

一年又一年，在与孩子一次次磨合的过程中，我慢慢学会了宽容，学会了理解，现在，我真的很少在学生面前发脾气了。后来每当我想发火时，脑子里就会不由自主地出现那个滚落在地的桃子，以及孩子们惊慌失措的表情。

育人不能心切

◇ 李素清

岁月的风雨能冲蚀掉坚固的岩石，但却永远冲蚀不掉初为人师时那一抹令人终生悔恨的记忆。

1987 年 7 月，我们告别美丽的大学校园，来到了一所中学任教。家长及校领导把一个个活泼可爱的孩子交给了我们，我们深知肩上的担子有多重。但我们并没有害怕。凭着年轻人蓬勃向上的活力和满腔的工作热情，我们几个新分配教师早已下定决心，不辱使命，让领导放心，让家长满意。

愿望的指使，我们很快就进入了有计划有步骤的工作中。开学初两个月，我们对高一的每位学生进行了仔细观察，找出他们各自的不足，再对症下药。偏科的予以补课，潜力不尽的予以挖掘，尤其是对那些没有紧张感学习欠努力的学生准备加压。

张丛是最突出的一个学生，在第一次期中考试中，他的总成绩居全年级第一。但是，他每天过得很轻松。下课铃声一响，他总是第一个冲出教室；上课，他又总是最后一个走进教室。每天课外活动时间，他都要去操场踢足球，风雨无阻。晚上，当其他同学仍在捧书苦读时，他早已进入了甜蜜的梦乡；早晨却起得最晚，常常因为早读迟到，被老师罚站。但无论如何，他每天都在按部就班地执行着自己一成不变的生活学习程序。所以，在老师和同学的眼里，张丛是一个最聪明最不吃苦的学生。

为了把他的潜力挖出来，各科老师一致同意：今后要盯紧张丛。具体做法是每位老师每天发给他一份试卷或习题，要求他当天做完，老师当天批改。面对老师的"热心肠"，张丛只好唯命是从。从此，他被老师的合力重重地抛在了浩渺无边的"题海战术"里。原有的生活秩序被打乱，绿茵场上再也看不到他那矫健的身影。晚上熄灯后，他不得不秉烛苦写。

紧张的日子一天天过着，张丛继续做着永远也做不完的试卷和习题。但是，课堂上，加压后的张丛与加压前已完全判若两人。以前，他上课都是精神饱满，思维敏捷，做题迅速又准确。自从陷入"题海战术"后，课堂上的他整天像霜打过的茄子，一天比一天没有精神。起初，课堂上他经常打哈欠，这时，他就从桌洞里拿出风油精重重地磕在脑门上，提提神，强打着精神继续听课。后来，他面色憔悴，眼圈发青，上课迷迷糊糊，对老师讲的问题似懂非懂，有时干脆趴在桌子上呼呼大睡。再后来，上课时他总是眯起眼睛看黑板上的字，没过多久，他高高的鼻梁上便架起了一副金丝边眼镜。

在忙忙碌碌、恍恍惚惚中到了年终期末考试。进行了两个月的"题海战术"，我们对张丛的考试成绩拭目以待。但他在这次考试中却出人意料地一败涂地，由期中考试的第一名暴跌到年级的六十多名。如此糟糕的成绩，使他落下了伤心的泪水，更是在重重地敲打着我们每位任课老师的心。

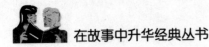

在以后的日子里，我们立即给张丛减压。减压后的他又恢复了往日的安宁，上课又有了精神，成绩一路攀升，到高一第二学期期末考试，他的成绩再列榜首。

人的精力是有限的，学习又是一种艰苦的脑力劳动，靠拼时间，搞"题海战术"是永远也打不了胜仗的。文武之道，历来是一张一弛。违反教育规律的蛮干会很容易地把好学生制造成差生。15年前的这段经历时时让我感受到一种刻骨铭心的痛，痛定思痛，我要大声疾呼：育人不能心切。

孩子，我"远视"了你的近视

◇ 朱春亚

踏入三年级（2）班教室上语文课，我照例亲切地与每一位学生问好，同时我习惯性地扫视着教室里那一双双眼睛。突然，我惊讶地发现，班里一个叫张涛的学生今天戴了一副眼镜。这可是教他们三年以来班上出现的第一副眼镜呀！好可惜，这个孩子近视了！他突破了这个班级"零"的记录！

我心中顿生无限遗憾，随即闪出一个念头：这不正是不注意写字姿势造成的直接后果吗？好好抓住这个教育的最佳契机，给全班同学来个有说服力的现场教育。

学生坐定后，我引导他们把目光停留在张涛那副眼镜上，我用老师特有的语重心长的语气对张涛说："张涛，你看，你平时不好好听老师的话，不注意写字姿势，现在戴上了眼镜，后悔也来不及了呀！"谁都听得出这番"惋惜"是"面向全体"的警示语。张涛白嫩的小脸像被粉刷工人刷成了红色似的，那分明是被班内一道道灼热的目光所映红的，也分明是我的教育起的立竿见影的效果。"所以呀，你们可要牢牢记住张涛的这个教训，要想使自己不戴上烦人的眼镜，可得好好注意写字姿势，不要再像张涛那样……"齐刷刷的目光再次投向了他。伴着不自在的神情，张涛的小脸显得愈加红了，我也由此打住，转而开始了教学。

那节课上，张涛没举手回答一个问题。他只是徒然地在做"专心听讲"状。透过崭新的玻璃镜片，我捕捉到他黯淡无光的眼神。那天，我由于忙碌，没再去想这件事。只不过接下来一连几天，张涛还是板着毫无生气的小脸，上课心事重重，竟连作业也频频出错。

是戴了眼镜不适应还是同学笑话他了？我决定今天放学后仔细问问他。路上遇到班主任李老师，我忍不住和她说起这件事。李老师告诉我，戴眼镜的第一天，张涛不好意思，硬要妈妈陪着来上学。她妈妈对李老师说，张涛的视力先天就不如其他孩子好，升入三年级后，看黑板上的字都只能眯缝着眼，所以赶紧给他配了副眼镜。

我马上陷入深深的自责中，当初自以为捕捉到了好素材，对全班学生强化写字及读书姿势的教育。我开始想像那天他复杂的心理：终于敢戴上眼镜像"异类"一样进入课堂，他最大的担心莫过于老师和同学的误解了。结果，正是我，不由分说地放大了这份误解。一贯内向的他没有勇气申辩他近视的原因，但他心中却是翻江倒海般的难受。孩子，都怪老师"远视"了你的近视！

是的，这显然是一段很不成功的教育。由此，我也不禁反复问自己：老师，你到底了解孩子几分？教育是人与人心灵最微妙的接触，成功的教育在于了解学生。了解学生，教师就应当主动地亲近学生，走到学生中去。在对张涛近视事件的"扩大教育"中，我过强的主观意识，使我在当时忽略了学生的感受，不留余地地、臆断地说出对张涛的评价，结果使张涛非但没得到内心最渴望的安慰，反而让他觉得老师不理解自己，不关心自己，还误会了自己，因此产生了失望、沮丧的情绪。如果教师多站在学生的立场上对学生多一些理解和关怀，去主动认识、发现儿童的内心世界，就不至于夸大学生的"罪过"，伤了学生的自尊。

给我捶背的女孩

◇ 王 舟

我不知道是不是深深地伤了那个孩子的心。在她想用自己的方式向我表示友好的时候，我却狠狠地给了她当头一棒。不知这一棒，她那幼小而敏感的心灵能否承受得起。

　　刚接这个班，和孩子们还不太熟悉，为了尽快和大家相互了解，我采用自我介绍、展示特长、互动游戏的方式促进双方的了解。孩子们非常喜欢这种新颖的见面方式，都渴望把自己最好的一面展示给老师。即便是那些腼腆型的孩子也被热闹的场面所感染，积极参与并互动起来。她，像淹没在花海中的一朵小花，匆匆一现，又倏然消失了，让我对她的印象也仿佛蜻蜓点水，不那么深刻。

　　可是，课下她的一个举动却让我对她的印象顿时深刻起来。下课铃响了，我走出教室，向办公室走去，还没到办公室，就感觉自己的腰上遭到了拳头的袭击。我顿时愣在当场。谁？谁那么放肆，敢打老师！这种愤怒的情绪一经袭入大脑，就立刻扭曲了我的面部表情。我像一头凶恶的猛兽将脸转过来，和她灿烂的笑脸顿时形成鲜明的对比。她显然被我凶恶的表情吓住了，马上收起笑脸，慌慌张张逃窜了。她的逃跑更加激怒了我，我感觉自己的尊严一而再、再而三地遭到了践踏，而践踏它的竟然是一个三年级的小女孩。

　　愤怒使我失去了所有的风度，同时失去的还有冷静思考的头脑。此时此刻的我仿佛一座随时要迸发出滚烫岩浆的火山。我像老鹰捉小鸡一般抓住她并拎到了办公室。她战战兢兢地站在办公室的小角落里，眼睛里充满了恐惧。可是，恐惧没有挡住火山的爆发，批评的话语似火红的岩浆四处飞溅，一只活泼可爱的小鸡顿时变成了一只小烤鸡。她完全被吓住了，失去了所有反抗的能力。直到我叫她离开，她的双腿还在不住地抖动。估计如此严厉的批评对她还是头一遭，她显然承受不起。

　　事后，我渐渐恢复了冷静，越想越觉得事情有些蹊跷，她为什么会那样做？她恨我吗？没有理由呀！我们只是首次见面，而且当时课堂上的气氛非常融洽，没有任何不和谐的因素存在。问号盘踞在我的脑海中，惹得我心烦意乱，我决定将原因找出来。

　　我找来了一位班干部，了解她的情况。"您说周雪？挺好的，学习好，为人热情，活泼开朗。王老师，我告诉您，她有一个嗜好，就是喜欢替人捶背，别说，捶得还挺舒服。不过，您可别以为人人都能享受得到这种待遇，她只对她喜欢的人这样。"班干部的话字字如利剑刺入我心，我感觉自己的心脏仿佛停止了跳动，我觉得再也没有什么能比这件事情更让我尴尬和难堪。我都干了些什么？我居然对一个想对我表示友好的孩子做了些什么？

痛苦弥漫了我的全身，我多想这一切都不曾发生过。可是，它真真切切地发生了。世上没有"后悔药"可买。后来，我调集了所有的勇气，向她表示了我的歉意，但从她冷漠的表情中我看到了我带给她的伤害有多深。

虽然这件事已经慢慢成为历史，可是它却成了我心中永远的痛。为了避免此类事件的再次发生，我给自己的心灵贴上了两个大大的字：制怒。后来，我的身边出现了越来越多的学生朋友，可我仍然因为没有得到她的原谅而感到遗憾。在此，我只想对她说一句话："老师真的很抱歉，但愿你还能为你喜欢的人捶背。

爸爸陪着你长大

◇ 王子亥

"世界啊，你献给我一个生命，我会还给你一个奇迹。"每当回想起台湾岛上一个女作家深情的吟诵，内心的泉水便会汩汩流淌。

曾经问莉："假如有一天，我们的爱情不再，凭什么来证明爱的存在？"莉不假思索地脱口而出："儿子，儿子呀。"

一同走越了5年的婚姻，爱情仿佛再也无力煽动疲倦的翅膀，我同莉去办理了离婚协议。3岁的阳儿，留给了莉照料。

离婚以后的日子，一个人看天上的星星，星星也是流泪的。"爸爸，天上的星星会掉下来吗？"夏夜，儿子陪我在楼顶望星星，他突然这样问我。"不会，不会。"我回答。"那星星有多大呀？"儿子眨巴着眼睛问我。

我告诉他，星星离地球很远，看起来很小，其实很大。具体有多大，我也糊涂了。儿子更闹不懂了，星星很大，为什么不会掉下来呢？我只好一知半解地告诉他，太空中有一种吸引力，将星星托起浮在太空中。儿子又问："那我怎么看不见啊？"我有些不耐烦了，对他说："星星离我们这么远，你当然看不见，连爸爸也看不见呢。""爸爸，我长大了看得见吗？"儿子拉着我的手，他的眼睛望着群星闪烁的夜空。我看见，儿子的眼神显然对我的解释不满意。

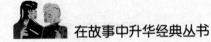

半夜时，儿子从睡梦中醒来，他咂着嘴唇似乎在梦呓："星星掉在地上了，好大一颗。"

第二天晚上的《新闻联播》播出了关于陨石的消息，儿子似乎听懂了，他一下扑倒在我怀里，以胜利者的姿态对我撒娇："爸爸，星星从天上掉下来了，你真傻呀。"在儿子面前，我感到了难堪。

确实，面对儿子各种好奇的提问，我常常感到黔驴技穷，我甚至怀疑起自己知识积累的功底来。是啊，面对一个孩子的提问，我怎么竟会招架不住呢？而在人群中，我还有一些轻狂和沾沾自喜。面对儿子，我开始重新审视自己了。

每一次周末，都是我同儿子温暖的约会。在我这里，每晚入睡前，他总要缠着我讲故事。有时为了讨好我，儿子在饭后帮着洗碗、拖地板，望着这个小小的身影在屋内成人一样地忙碌，我忍不住笑了。

起初，儿子听我的故事听得津津有味，可后来，他明显地不满和厌倦那些老掉牙的故事了。我给他讲"狼来了"的故事，讲庙里的和尚、卖火柴的小女孩，儿子打断我的话说："爸爸，我都听了好多遍，换一个吧。"我绞尽脑汁，却感到江郎才尽的悲哀。儿子在我的怀里入睡了，我感到深深的愧疚。儿子，爸爸到底能够给你什么呢？爸爸陪着你长大，仿佛同你重新温故我的童年，可我发现，为尘世杂务忙碌，为名利奔走挣扎，我的内心早已蒙上尘埃，没有一颗清澈童真的心灵。儿子，我怎么能够真正沿着你内心的小道沐着花香探寻自然的奥秘呀！

有一天，儿子抱着一堆积木来到我的房间，费了好大一阵功夫，满头是汗的儿子仍然不能完整地垒起积木来，他有些灰心丧气了。儿子求助的目光望着我："爸爸，你帮帮忙吧。"那天我正被一件心事纠缠，坐下来忙乎了一个多小时也没搭建起积木。我把满桌的一堆积木推到儿子面前说："你自己玩吧。"儿子望着我，眼神流露出了失望。我站起了身，听到儿子说："爸爸，你真是一个傻瓜爸爸。"

我惊讶之极，蹲下身问他："阳儿，你刚才说什么了？"儿子撅着小嘴说："你是傻瓜爸爸，你怎么也不会玩积木呀，你小时候没玩过吗？"

望着儿子，我突然感到内心的慌乱。儿子才5岁呀，我便在他眼里失去了父亲的神采，我失去了儿子对我的崇拜，我的自尊在儿子面前开始萎缩。

　　我知道，"傻瓜"是莉对儿子的昵称，而今，儿子竟把这称呼搬到我头上来，我再也不能在儿子面前像个白痴了。

　　想起多年前的一本书《10万个为什么》，于是我搜遍了全市所有的书店，但都没找到。我心里只是想找到这本书恶补一下，再传授给儿子，重新寻回做父亲的博学，好让儿子信服我、崇拜我。我失望之极，只好买回一大堆童话故事集和录音带，一个人关上门，坐下来读这些童话故事，倦了时，再放上录音带听。

　　奇怪，这种久违了的快乐竟将我尘封的心灵变得温柔而又恬静。步入而立之年的我又穿越时空回到了野花芬芳的溪流和森林边，看到了蓝眼睛的白雪公主、奔跑的大灰狼、在风中流动的白云……夜晚变得美丽而平静，不再是半夜惊醒后的狂跳不安。有一天夜里，我在梦中还见到了白雪公主，她踮着脚尖撩起裙子去溪流里试探水温，她望见我时，露出白玉般的牙齿朝我纯真地微笑……

　　漫步在这些童话故事中的林荫小道，我突然感到体内奔腾着年轻的血液。每一个清晨醒来，我在晨风中去上班，面对每一个擦肩而过的人，我都想向他们道一声早安，我的脸上露出了微笑。而往前，我是一个忧郁的行者，深海下一条寂寞的鱼。

　　怀着幸福的期待，我期待着同儿子的约会。儿子来了，我抱着他说："阳儿，晚上爸爸给你讲故事。""爸爸，又是大灰狼的故事吗?""不，爸爸给你讲新故事。"我说。

　　我开始把那些故事向儿子娓娓道来，儿子听得入迷，他幼稚的心灵，早已步入了斑斓的童话王宫。"爸爸，你不是傻瓜爸爸了。"儿子搂着我说。"为什么呀?"我问他。"爸爸会讲这么多好故事呀，爸爸是个聪明的爸爸。"儿子一本正经地说。

　　噢……我的心一阵暖流漫过。我对他说："阳儿，你听爸爸妈妈的话，爸爸还会给你讲好多故事。"儿子懂事地眨闪着眼睛点点头。

　　早晨起床，儿子自己穿好衣服后便去冰箱里取牛奶，我很惊讶，儿子说："爸爸，我长大了，要学会自己做事。"儿子把牛奶袋剪开后倒进锅里那认真的样子让我想笑，却又让我心里湿润一片。

儿子喜欢画画,我便牵着他去文化商店里买回彩色画笔和纸张。星期天,我陪着他去郊外游玩,儿子去草丛里捉蟋蟀,我也忍不住了,同他一起在草丛中扑腾着。后来,儿子画了蟋蟀,惟妙惟肖。他还画了两个人,一个是他,另一个是我。我问他:"阳儿,这幅画叫什么名字?"他想了想说:"我和爸爸捉蟋蟀。"

儿子用他充满童心的眼光打量着这个多姿多彩的世界,他提的一些问题也常常令我觉得充满了情趣。我总用世故的眼光审视着每一个人每一件事,我的心变得麻木了。儿子的眼光却在不知不觉中改变着成人的我,每当进入儿子清澈的心灵,我便感到,是自己作茧束缚了心灵,变得诚惶诚恐、患得患失。每当同儿子在一起,我便感到,我是在同他一起好奇地打量着这个世界,而眼前的缤纷灿烂,让我的心变得柔和而又温暖。

面对这个世界,像孩子一样蹲下身来,好奇而又关切地倾听他内心的声音,突然感到心灵变得饱满而又多汁。

同莉一同牵着儿子去公园游玩,莉见我蹲下身那么爱怜地搂抱着他。在电话里,莉说:"你要是对我也像儿子一样温柔,我同你肯定不会离婚的。"想起同莉在一起时,我事业受挫后对莉凶巴巴的样子,我的心疼痛起来。莉,为何要到覆水难收时,才想起该对你多一点温柔,多一点关怀和怜爱。莉,我承认,我是一个生活的傻瓜。

但儿子,他会让我变得内心纯净而又充满关怀。这不,我对一些智力拼图和玩具充满了好奇,一个成人,常常在儿童玩具面前真的成了一个傻瓜。我开始对这个世界充满谦卑和探寻。儿子,爸爸谢谢你,你让我重新阅读人生。

亲爱的儿子,爸爸将陪着你长大,怀着对这个世界温柔的感激。

儿子的暗恋

◇ 戎 华

"我有些担心,怕这段感情浪费了。"

"不会的,只要你以后还记得,就不是浪费。"

我边开车接儿子回家,边和儿子探讨他的感情问题。儿子的神情苦恼而认真,我也陪着他一本正经。他今年12岁,正是会从心底对异性产生朦胧好感的年龄，像一只正在练习开屏的小孔雀。

儿子喜欢的小女生有一头乌黑的长头发和一双乌溜溜的大眼睛，成绩优秀。据我的估计，这个小女生应该是全体小男生暗恋的对象。儿子曾经用诗朗诵一样的声调背诵他们班主任老师的话："就把爱深深地埋在心底吧，让它变成你学习的动力！"看着儿子清亮而自信的眼睛，我真的很佩服这个班主任老师。但是，儿子今年"小升初"，他和他心仪的对象很可能不会在一个学校读初中。对于儿子，这成了一个大问题。

"她知道你喜欢她吗？"我曾经问过儿子。

儿子着急了："怎么不知道，我去年就向她表白了。"接下来，儿子回忆了表白的过程：在走廊里，我的儿子鼓起勇气说："我喜欢你，真心的。"然后撒开飞毛腿，跑了。后来呢？没有下文了。

原来，儿子是在做着和爱有关的梦呢。

儿子自豪地和我讲起过他们唯一的一次交往。春游，小女生摔跤了，膝盖擦破一块皮。儿子关切地对她说："你以后走路要小心啊！"然后，儿子笑眯眯地问我："你猜她怎么说？""她会说，我才不要你管呢！"我笑着说。儿子惊叹："妈妈，你神了！"儿了啊，你忘了，妈妈从前也是一个骄傲的小女孩呢！

家里有一本《男孩的冒险书》。国外的儿童书，真是有意思，有各种各样的生活知识，甚至有专门的一章叫做"如何与女孩子交往"。儿子和我曾经共同探讨了这一章节，最后结论是："大大方方地去交往吧，因为女孩和你一样害羞。"你看，在咱中国人心中神秘得说不出口的事情，对于西方人来说，就是那么简单明了。

儿子的恋爱进行了一年多，主要交往细节如下：单方面表白一次，没来得及听对方反应；单独谈话一次，即春游的那次；送礼物两次，一根棒棒糖和一张卡片，直接放在小女生的课桌上，不留姓名，怕遭拒绝。

这个小女生的存在，对于儿子来说，仿佛是头顶上的一颗星星，时不时要看一看；仿佛种下了一颗种子，时不时要浇浇水。这或许就是成长吧，在这个过程里懂得如何去爱。

很高兴地见证了儿子的"恋爱"进程。我觉得，儿子仿佛是拿了一把钥匙，左试试，右试试，就让他去试着打开门吧，这是生活之门。

母亲的存折

◇ 林 夕

那天，女儿放学回家，突然没头没脑地问了一句："妈妈，我们家有多少存款？"

不等我作答，她又继续说道："他们部说咱家至少有五十万元。"

我奇怪地看着女儿："你说的'他们'是谁呀？"

"我们班的同学。他们说你一本书能赚十几万稿费，你出了那么多书，所以咱家应该有五十万吧。"

我摇了摇头，说："没有。"

女儿脸上忍不住地失望，她两眼盯着我，有些不相信似的问："为什么？"

"因为……"我抬手一指房子，屋里的电器、家具，还有她手中正在摆弄的陕译通，道："这些不都是钱吗？钱是流通物品，哪有你们这么只算收入不算支出的！"

女儿眨眨眼睛，仍不死心，固执地闻道："如果房子、家具、存款都算上，够五十万吧？"

我才明白她为什么问这个，一定是同学之间攀比，搞什么财富排行榜了。

我立刻纠正她："不对，这些钱是妈妈的，不是你的。"

"可我是你的女儿呀！将来，将来——"女儿瞅瞅我，不往下说了。

我接过话，替她说道："等将来我不在了，这些钱就是你的，对不对？"

女儿脸涨得通红，转过身，掩饰说："我不是这个意思，都是我们同学，一天没事瞎猜，无聊！不说这个了，我要写作业了。"

说完，女儿急忙回自己的房间去了。望着她的背影，我若有所思。

没错，作为我的法定继承人，我现在的所有财产，在未来的某一天，势必将属于女儿，这是不争的事实。只不过国人目前还不习惯，也不好意思和自己的继承人公开谈论遗产这样十分敏感的事，而同样的问题在西方的许多家庭，就比我们开明得多，有时在餐桌上就公开谈论。我想这主要是因为以前中国一直实行计划经济，一切财产都是国家的。我的父母工作了一生，一直都是无产者，直到退休前才因房改买下自己居住的房子，终于有了自己名下的财产。但是，和我们这些市场经济环境下生活的子女相比，他们那些有限的"资产"实在少得可怜。也因此，我从未期望父母给我留下什么，相反，我倒很想在金钱方面给予父母一些，我知道，他们几乎没有存款。但是固执的父母总是拒绝，没办法，我只好先用我的名字存在银行，我想他们以后会用上的。

那年春节我回家过年，哥哥、妹妹也都回去了，举家团圆，最高兴的自然是母亲。没想到，因为兴奋，加上连日来操劳，睡眠不好，母亲起夜时突然晕倒了！幸亏发现及时，送去医院，最后总算安然无恙，但精神大不如前，时常神情恍惚，丢三落四。所以，尽管假期已过，我却不放心走。母亲虽然舍不得我走，但是一向要强的她不愿意我因为她的缘故耽误工作，她强打精神，装出一副精力充沛的样子，说自己完全好了，催促我早点走。我拗不过母亲，只好去订票。

行前，母亲把我叫到床前，我一眼就看见她的枕头旁放着一个首饰盒，有半块砖头大小，用一块红绸缎包着，不禁一愣。小时候有一次趁父母不在我乱翻东西，曾见过这个首饰盒，正想打开却被下班回家的母亲看到，被严厉地训斥了一顿，从此再没有见过，不知道母亲把它到哪儿去了。我猜里面一定装着母亲最心爱的宝贝。会是什么呢？肯定不会是钱或存折。母亲的钱总是装进工资袋放在抽屉里，一到月底就没了，很少有节余。最有可能的是首饰，因为祖父以前在天津做盐道生意，家里曾相当有财势，虽然后来败落了，但留下个金戒指、玉手镯什么的，应不足为怪。

我正猜测不解，母亲已经解开外面的红绸缎布，露出里面暗红丝面的首饰盒。她一摁上面的按钮，"叭"的一声，首饰盒开了！母亲从里面拿出一个小绸布包，深情地看了一会儿，像是看什么宝物。然后，慢慢抬起头，看着我，缓缓道："这里面装着你出生时的胎发，5岁时掉的乳牙，还有一张百日照，照片背面记着你的出生时辰。我一直替你留着，现在，我年纪大了，你拿去自己留着吧。"

我接过来，小心翼翼地打开。于是，我看到了自己35年前出生时的胎发，30年前掉下的乳牙，和来到世界100天时拍的照片。照片已经有些发黄了，背面的字迹也已模糊，但依然能辨认出来。一瞬间，我两眼模糊，意识到：这就是母亲的"存折"，里面装着母亲的全部财产。没有一样珍贵的东西，但是对我，每一样都珍贵无比。

带着母亲的"存折"，我踏上归程。一路上，感慨万千。我知道和母亲相比，我是富有的，母亲这一生永远不可能有50万元存款了！对她来说，那是天文数字，她想都不曾想过。和我相比，女儿是富有的，她一出生就拥有的东西，是我拼搏多年才得到的。但是，女儿却永远不可能像我一样，拥有自己的胎发、乳牙了。这些记载她生命的收据，让一路奔波的我遗失在逝去的岁月里，再也找不回来了！

流水滴答

◇ 刘吾福

蛮蛮一觉醒来，看看墙壁上挂的时钟，是早晨七点钟。

蛮蛮每天都是这个时候准时起床，等他上完厕所，洗漱完毕，吃过早餐，就是七点半钟。然后步行上学去，走半个小时，就到了他就读的一小，刚好是八点钟，这正好是学校要求到校的时间。

昨天，蛮蛮搬进了新居，三室一厅，很宽敞，蛮蛮现在有了自己的小卧室，很舒服，昨天晚上一觉睡到大天亮。

蛮蛮提着裤子上厕所——不，妈妈说，现在是新居，"厕所"不叫"厕所"，应该叫"卫生间"了。

蛮蛮走进卫生间的时候，就听到"滴答滴答"的声音。

蛮蛮走进去一看，哦——原来是水龙头漏水了！

那水一滴一滴地往下掉，恰好掉在一个很大的有半个人高的大塑料桶里，滴下的水就发出"滴答滴答"的声音来。

咦——新龙头咋会漏水呢？蛮蛮感到奇怪，急忙走过去，将水龙头拧紧，那水就没有再漏了。怪不得，原来是水龙头没有拧紧哦！

蛮蛮就蹦蹦跳跳地上学去了。

到了中午回家，当蛮蛮再一次走进卫生间的时候，看到那个水龙头又没有拧紧,那水又在一滴一滴地往塑料水桶里漏,发出"滴答滴答"的响声来。蛮蛮心里说,妈妈真是粗心啊,总是忘记将水龙头拧紧!

蛮蛮于是又一次将水龙头拧紧了。

吃过中饭,蛮蛮又上学去了。

到了下午回家,蛮蛮又听到卫生间发出"滴答滴答"的漏水声来。蛮蛮于是赶紧走进卫生间,再一次将水龙头拧紧了。

恰好妈妈回来了。

蛮蛮提醒妈妈说:"妈,您老是忘记将水龙头拧紧,水龙头老是住下漏水哩!"

妈妈听了,先是愣了一下,接着就笑着说:"傻儿子诶——不是妈妈忘记了拧紧水龙头,妈妈是故意这样的。"

"为什么?"蛮蛮睁大不解的眼睛问妈妈。

"这个还不懂吗?你真是个傻儿子哦!水龙头的水一滴一滴往下滴,水表就不会转动了,我们家用这样的方法接水,每天可以接满一塑料桶,洗菜呀、洗碗呀、洗衣服呀、拖地板呀……就足够了……这样,一个月可以省下来好几十元水费呢!"

蛮蛮听了妈妈的话,眨巴眨巴眼睛看看妈妈微笑的脸,确实感到茫然了——他不知道妈妈这样做,到底是对还是错。

雏鸡的智慧

◇ 付群伟

周末,逛公园爬山时,恰好邂逅到同事。我一边和同事寒暄一边放眼四周的风景。

正悠闲地爬时,前方忽然传来号啕大哭声,同事一听慌忙奔了过去。原来,同事的宝贝儿子脚下打滑,不慎摔了一跤。同事一脸怜惜地一把拉起孩子,一边拍儿子身上的灰土一边絮絮叨叨地帮他解气:"乖乖,不哭不哭,都怪这块地不好,赶明儿爸爸把它给挖了好不好?"儿子泛着泪花懵里懵懂地盯着同事,止住了哭声。同事一面拉起儿子的手继续爬,一面冲我苦笑地摇摇头："这孩子，就是娇嫩，什么都不会，一出点什么事，就哭得稀里哗啦，真是拿他一点办法都没有。"

我不禁好奇地问："平时你们是不是总惯着他啊？"同事叹道："唉，哪能呢！一般他要是干什么，我们都会为他准备好，比如端茶送饭削苹果什么的。我们这么做，一来是怕他有个意外，二来也让他省省心，毕竟是小孩子嘛，没想到……"我半是玩笑半是认真地说："这还不是惯着他啊？"

同事糊涂了，一时没回过神来。

我说我给你讲个真实的故事吧。小时候，一天傍晚，我和母亲准备将新买的小雏鸡捉回笼里睡觉，正撒网似的捉时，一只小雏鸡可能是被迫急了，惊慌失措地跳进一条一米高的沟中，幸好沟里没有水。我和母亲一时忐忑不安束手无策，眼见天色渐暗，而那只啾啾惨叫的小雏鸡更是惶恐不安地四处乱闯。"我下去捉得了。"我急得跳脚，母亲未置可否，一时面露难色，正彷徨时，母亲忽然眼前一亮，意味深长道："别急，它一定会自个上来的。"我正要反驳，奇迹出现了——沟墙边上有一根小竹竿横靠在上面，和地面约成六十度角，只见那只啾啾叫的小雏鸡先是试探地将一只小脚搭在小竹竿边上，然后它歪着脑袋，似乎在思索，内心经过挣扎后，又将另一只小脚搭了上来，它让自己稳稳身子，开始一步一摇，慢慢往上走。此时，它像个老太太，又像个杂技演员，毕竟头一回"走钢丝"，它不时闪着翅膀，勾着脑袋，两眼警惕着，要知道，稍一大意，它又将掉进那恐怖的世界——深沟里。最后，它蹒跚着到底还是上来了……当时，我简直呆了，若不是亲见，我还真不敢相信，世上还有这么一只充满智慧且勇敢的小鸡，以至于直到现在，我都时时想起这件十分有趣的事。

讲完后，我问同事："假若当时我跳下去，将会是什么样的结局？"同事眼都没眨一下立即答道："当然会把它逼上黑咕隆咚的沟底……"说到这，同事忽然止住了，仿佛领悟到了什么。

小鸡"过桥"的"哲学"告诉我们，对待孩子，我们没必要面面俱到地越俎代庖，适当地放手也是一种爱，给孩子一个展翅的空间，让孩子在生活中渐渐学会自立自强，这对孩子未来的成长成才不无裨益。

母亲的纯净水

◇ 乔　叶

一瓶普通的纯净水，两块钱，一瓶名牌的纯净水，三块钱，真的不贵。每逢体育课的时候，就有很多同学带着纯净水，以备在激烈地运动之后，可以酣畅地解渴。

她也有，她的纯净水是乐百氏的。绿色的商标牌上，帅气的黎明穿着白衣，含着清亮腼腆的笑。每到周二和周五下午，吃过午饭，母亲就把纯净水拿出来，递给她。接过这瓶水的时候，她总是有些不安。家里的经济情况不怎么好，母亲早就下岗了，在街头卖零布。父亲的工资又不高。不过她更多的感觉却是高兴和满足，因为母亲毕竟在这件事情上给了她面子，这大约是她跟得上班里那些时髦同学的唯一一点时髦之处了。

一次体育课后，同桌没有带纯净水，她很自然地把自己的水递了过去。

"喂，你这水不像是纯净水啊！"同桌喝了一口，说。

"怎么会？"她的心跳得急起来，"是我妈今天刚给我买的。"

几个同学围拢过来："不会是假冒的吧？假冒的便宜。"

"瞧，生产日期都看不见了。"

"颜色也有一点儿别扭。"

一个同学拿起来尝了一口："咦，像是凉白开呀！"

大家静了一下，都笑了。是的，是像凉白开。一瞬间，她突然清晰地意识到，自己喝了这么长时间的纯净水，确实有可能是凉白开。要不然，一向节俭的母亲怎么会单单在这件事上大方起来呢？她忽然想起，母亲常常叮嘱她要把空瓶子带回来，她以为母亲是想把空瓶卖给回收废品的人。而每次母亲递给她的纯净水都是已经开启过盖子的，她一直以为这是母亲对她小小的娇宠。

她当即扔掉了那瓶水。

"你给我的纯净水是不是凉白开？"一进家门，她就问母亲。

"是。"母亲说，"外面的假纯净水太多，我怕你喝坏肚子，就给你灌进了

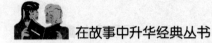

凉白开。"她看了她一眼，"有人说你什么了么？"

她不做声。母亲真虚伪，她想："明明是为了省钱，还说是为我好。"

"当然，这么做也能省钱。"母亲仿佛看透了她的心思，又说，"你知道么？家里一个月用七吨水，一吨水八毛五，正好是六块钱。要是给你买纯净水，一星期两次体育课，就得六块钱。够我们家一个月的水费了。这么省下去，一年能省六七十块钱，能买好几只鸡呢。"

母亲是对的。她知道，作为家里唯一的纯消费者，她没有能力为家里挣钱，总有义务为家里省钱。——况且，喝凉白开和喝纯净水对她的身体来说真的也没什么区别。可她还是感到一种莫名的委屈和酸楚。

"同学里有人笑话你么？"母亲又问。

她点点头。

"你怎么想这件事？"

"我不知道。"

"那你听听我的想法。"母亲说，"我们是穷，这是真的。不过，你要明白这几个道理：一，穷不是错，富也不是对。穷富都是日子的一种过法。二，穷人不可怜。那些笑话穷人的人才真可怜。凭他怎么有钱，从根儿上查去，哪一家没有几代穷人？三，再穷，人也得看得起自己，要是看不起自己，心就穷了。心要是穷了，就真穷了。"她点点头。那天晚上，她想了很多。天亮的时候，她真的想明白了母亲的话：穷真的没什么。它不是一种光荣，也绝不是一种屈辱，它只是一种相比较而言的生活状态，是她需要认识和改变的一种现状。如果她把它看作是一件丑陋的衣衫，那么它就真的遮住了她心灵的光芒；如果她把它看作是一块宽大的布料，那么她就可以把它做成一件温暖的新衣。甚至，她还可以把它看成魔术师手中的那种幕布，用它变幻出绚丽多姿的未来和梦想。

她也方才明白，自己在物质上的在意有多么小气和低俗，而母亲的精神对她而言又是多么珍贵的一瓶纯净水。这种精神在历经了世态炎凉之后依然健康，依然纯粹，依然保持了充分的尊严和活力。这，大约就是生活贫穷的人最能升值的财富吧！

女儿的背影

◇ 包光潜

早晨，我打开冰箱，想取一盒牛奶，结果空空如也。我问女儿怎么回事，她支支吾吾的，说自己每天早餐喝了两盒。我心想这就差不多了。

但她妈妈不相信，把她拽到身边："老实说，这牛奶是怎么回事？"

女儿不怕我，但怕她妈妈。她两眼低垂，看得出心里很惶恐，却竭力表现出镇静。

她妈妈连续问了好多遍，她就是不吭声，以沉默对抗一切。她妈妈生气了，顺手抄起沙发上的衣服就抽了过去。女儿仍然纹丝不动。越是如此，她妈妈越发生气，抽打的频率更大了，女儿的脸上都挂出了印痕。

虽然女儿近来的异样令我惊诧，但我想女儿心里一定藏着什么秘密，不便告诉我们。

我私下对她妈妈说，还是悄悄地观察观察，不要太武断了。她妈妈把这个艰巨而光荣的任务交给了我，我不得不每天小心翼翼地跟踪女儿。这使我想起许多西方侦探小说里的情节。

女儿走过一片空旷的开阔地，突然回转过头来，进行反侦察。好在我有心理准备，在女儿回头之际，我匿到一棵树的后面——这是园子里唯一的一棵被林业部门挂牌的古树。

女儿悄悄地将楼后的园门打开，又缓缓地合上，生怕弄出了什么动静来。过去园子里还有几畦菜地，每逢工作之余，我都要到这里通过与小白菜的对话来达到休憩的目的。后来因为道路拓宽，园子变得十分逼仄了，加上修路时扔弃的乱石堆积，菜地自然废弃了。

透过门罅，我发现女儿在一个草棚前蹲下了身子，留给我一个瘦纤纤的背影。喔喔两声之后，草棚里便有了动静。我侧耳倾听，似乎明白了一切。女儿从书包里拿出牛奶，放到黄黄的面前。黄黄并没有立即吮吸，而是用它那稚嫩的鼻子环顾周遭，感受牛奶的馨香，感受女儿对它的怜爱——这一切

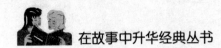

都是我想象的，因为这一切都掩蔽在女儿瘦纤纤的背影里。

望着女儿的背影，我油然生出歉疚。那天傍晚，女儿和我们一起散步，路过虎泉路时，发现了病兮兮的黄黄——这是女儿当时对它的称呼。女儿执意将黄黄带回家，遭到我们的坚决反对。不就是一只病病兮兮的小狗嘛！

原以为女儿只是一时动了恻隐之心，没想到她竟然一直悄悄地关心着黄黄，还作出了非常的举动。

我一连观察了四五天，天天望着女儿瘦纤纤的背影，心里由内疚变成欣慰。我终于忍不住将真相告诉了她妈妈。没想到她妈妈怒火冲天，狠狠地骂了我一顿。我也感到事态的严重，万一女儿感染上犬吠病怎么办？

事情当然由我来和女儿沟通。女儿讶异之后，显得特别冷静。她答应去防疫站注射狂犬疫苗。可是到了防疫站，她却提出了苛刻的要求：给黄黄做体检。我说，这又不是动物医院，怎么能给黄黄做体检呢？可女儿听不进去，跑遍了医生办公室，恳求叔叔阿姨们，即便遭到拒绝也不灰心。望着女儿执著地抱着黄黄的背影，我很感动。我抑止不住地对女儿说，等到双休日，我们去省城动物医院！女儿盯着我真诚的目光，眼角沁出了晶莹的泪花。

回家的路上，女儿抱着黄黄，又蹦又跳地跑到了我们的前面，离我们越来越远。她的背影已经不再纤瘦。

老师，请相信我女儿

◇ ［美］ 杰姬·弗莱明

我的女儿杰姬上小学二年级。

有一天，她的老师克里打电话让我到学校。去了之后，克里老师说，一个学生告诉她，我的女儿杰姬从出生缺陷基金会的募捐罐里拿了硬币。

我听女儿说过，那个出生缺陷基金会的募捐罐一直放在克里老师的讲台上，以方便所有想帮助脊髓灰质炎患者的孩子们捐出一角一角的硬币。杰姬也找我要过零钱，并且把帮我做家务得到的报酬也带到学校去，说是要塞进罐子里去，她还说他们的校长罗斯福本人就是因为患了这种疾病而坐轮椅或是靠双拐走路的。她非常同情那些孩子，她想帮助他们。

因此，我决定在做出判断之前先询问一下杰姬。

那天放学后，所有的孩子们都走了，教室里只剩下我、克里老师和杰姬三个人。我在杰姬对面的一张小课桌前坐下来。我看到杰姬的两只脚在不停地对搓，她的头一直低着，看着自己的桌面。我轻轻地唤了她一声。她抬起头来，看着我的眼睛。我伸手握住了她的手。

"克里老师说有人看见你把手伸进了出生缺陷基金会的罐子里面。我只问你一次，你也只需回答我一次。"我对她说，"杰姬，你从罐子里面拿硬币出来了吗？"

"没有，妈妈。"杰姬毫不迟疑地回答。

在那一刻，看着杰姬纯真的眼眸，我决定相信她。

我拉着她的手，走到克里老师的讲台前。

"杰姬没有拿硬币，克里老师，请相信我的女儿，谢谢您！"我对克里老师说，然后，我低下头，对杰姬说："现在，我们去伯登店买冰淇淋。"

四年后，杰姬小学毕业，我在为她收拾旧书本的时候，无意中发现了一个小本子，上面写着杰姬的几篇作文。其中有一篇作文记录了这件事。

她是这样写的："我确实将手伸进了那个罐子，但我当时是在用手指摸索着数罐子里面的硬币。我没有像我的同学报告的那样从罐子里拿硬币出来，一个也没拿。但是，即便我这样告诉克里老师，她还是将我妈叫到了学校。当时，我很担心，似乎没有人相信我。我不知道该怎么办。幸运的是，妈妈相信我，她不但没有不分青红皂白地训斥我，她还带我去伯登店买冰淇淋。从那一刻起，我知道妈妈永远都是我的坚强后盾，她会永远支持我；而我，也永远不会欺骗她……永远。"

字迹在我的眼前渐渐模糊，终于，一颗泪悄然落在本子纸上，将那墨迹融化。

紧握木棒的黑孩子

◇ R. 赖特

那天晚上，母亲告诉我，今后我必须学会自己到食品店买东西。母亲领我到大街拐弯处的食品店走了一趟，让我记住路怎么走。我激动不已，觉得自己一下子长成了大人。

第二天下午，我就拎着篮子沿着人行道去那家食品店买东西。

当我走到街道的拐弯处时，一伙流氓突然蹿了出来。他们揪住我的衣领，把我推倒在地。他们夺走了我的篮子，抢去了我的钱。我惊慌失措地回了家。

我把发生的事情告诉了母亲，可是她没作声，随即坐了下来，写了一张所买东西的清单，给了我更多的钱，又打发我去食品店。我踌躇着走上了大街，发现还是那帮小痞子在路边闲逛，我掉头飞奔回家。

"又怎么啦？"母亲问我。

"还是刚才那群流氓，"我战战兢兢地回答，"他们还会揍我的。"

"我要你自己去对付这些人，"她平淡地说道，"好，去吧。"

"我害怕。"我乞求道。

"走吧，不要理睬他们。"她告诉我。我走出家门，径直沿人行道走去，心里祈祷着——那群小流氓别再骚扰我。

然而，正当我走到几乎和他们并排的时候，其中一个突然喊道："看，还是那个黑小孩儿。"

地痞们向我逼过来了，我感到心惊肉跳，马上转身狂奔起来。很快，我被追上了。他们把我操倒在人行道上。我哭喊、恳求、用两脚使劲蹬，但都无济于事，没逃脱被殴打的噩运。他们掠走了我手中的钱，扯住我的两腿猛拽，朝我的脸上凶狠地抽扇。最后，我又是哭着走回家。

母亲在门口遇见了我。

"他们打……打……打我，"我边抽泣边委屈地说，"他们抢……抢……走了钱。"我正要迈上台阶，渴望着躲进"家"这个避难所。

"你不要进来。"母亲阴沉着脸警告我。

我吓得退回原地，瞪大了眼睛看着母亲，心中无限委屈。"可他们一直追着打我。"我哭诉着。

"那你就给我站在该站的地方，"母亲用吓人的声调说道，"今天晚上我非教你学会挺起腰板儿不可，并且让你学会怎样保护自己。"说着，她走进屋里。我只是战战兢兢地等着，不知道母亲要做什么。

不一会儿，母亲出来，拿出更多的钱和另一张买东西的清单，而且另一只手中拿着一根又长又重的木棒槌。"带上这些钱和这张清单，还有这根木棒槌，"她说，"去，到商店把东西买来。"

我疑惑了——母亲在教我打架——这是她以前从没有做过的事。

"可是，我怕——"我嗫嚅着。

"要是买不了东西，你就不要进这个家门。"母亲冷冷地说。

"他们会欺负我，他们……"

"那你就待在外面，不准回来！"

我憋足了力气向台阶上冲去，试着挤过母亲，闯进屋里。可随即而来的，是脸颊上重重的一记耳光。我被抽到了大街上。我哭求着："妈，求求您让我明天再买吧！"

"不行！"她说，"现在就去。你要是空手回来，我非揍你不可。"

"砰"的一声，母亲关上了门，上了保险。

那伙流氓就在我身后，我只身一人面对这阴森的街道，惊骇地颤抖着。只有两条路可走，或是回到家里，或是远离家门。我攥着木棒，边抽泣边思索。如果我回到家里，最终也躲不过被母亲打一顿，而且自己丝毫不会对此做什么改变，然而，我要是走上街头，去面对那些无赖，那么至少可以获得机会用木棒和他们较量较量，看到底谁输谁赢。

我慢慢沿街走着，接近了那伙地痞，我握紧了木棒，紧张得几乎停止了呼吸。

我已经站在他们对面了。

"黑小子，又来啦。"他们狂吼滥笑着，很快把我围住，其中一个正要抓我的手。

"我他妈宰了你们！"我从牙缝中挤出这样一句话。随着我的吼声，手中的木棒早已使一个地痞的脑袋开了花。接着又是一棒，打倒了另一个流氓。就这样，我打倒了一个又一个，把刚才的怨恨和愤怒全部倾注在这根木棒上。我明白，只要我停歇一秒钟，痞子们就会缓过劲来，所以我要把他们一个个打倒，不能让他们有机会再爬起来。我呐喊着、挥舞着，眼睛里含满了泪水。刚才所遭受的殴打，所受的屈辱，一幕幕又在脑子里呈现。阵阵余悸使我每抡动一次木棒都要用上全身每一分气力。

挨过一顿猛击，小流氓个个狂呼乱喊，抱头鼠窜。有个地痞瞪大了眼睛看着发生的一切，一点儿也不相信这是刚才那个任他们肆意欺侮耍弄的黑小子做出来的。他们大概从来也没看见过这样的疯狂和愤怒。

我站在那儿喘息着、叫骂着，激他们上前来斗。当发现小流氓们真的吓破了胆时，我就急追过去。他们喊着、叫着飞跑进各自的家。

随后出现在街道上的是那些地痞的父母们，他们是来吓唬我的。是平生第一次吧，我冲着大人们高声喊叫。我警告他们，如果要找我的麻烦，那我就让他们尝尝我木棒的滋味。

最后，我终于走到商店，买了东西。

国家的路上，我仍紧握木棒，准备着再次用它保护自己。可是，这回连个流氓的影子都没有碰上。

就是那天晚上，我赢得了在美国孟菲斯城的街道上行走的权利！

生命不是水晶的阶梯

◇ 丹妮尔·肯尼迪

生命对我而言，从来就不是一座水晶的阶梯。

——斯登·休斯

我儿子丹尼尔从 13 岁就开始对冲浪充满狂热，每天上学前放学后，他就穿上湿的泳衣，划到冲浪线外，等着接受挑战。有一天中午，他对冲浪的热爱受到了考验。

救生员在电话中对我先生麦可说："你儿子发生意外了！""情况有多严重？"

"不大好，当他冲浪冲到浪的顶端时，冲浪板的尖端正对他的眼睛刺过来。"

麦可赶快把丹尼尔送到急诊室，然后他们父子就被转到整形医师的办公室，丹尼尔眼睛旁至鼻梁的地方缝了 26 针。

当丹尼尔的眼睛在缝针时，我在飞机上，正结束演讲准备飞回家。麦可父子俩离开医院后就直接把车子开到机场，他在门口和我打招呼，告诉我丹

尼尔在车内等我。

"丹尼尔在车内?"我问道。我记得当时我想到那天的海浪一定不小。

"他发生了意外,但他会好起来的。"

对一个必须经常旅行的职业妇女而言,最糟的噩梦成真了,我快速向车子奔去,以致高跟鞋的跟都断了。我打开车门,带眼罩的小儿子俯身向前,对我展开双臂,哭着说:"哦!妈妈,我好高兴你回来了!"

我在他的怀里啜泣,告诉他当救生员打电话来,而自己却不在时那种内心的自责与难过。

他安慰我说:"妈,没关系的,反正你又不知道怎么冲浪。"

"你说什么?"我问道,真的被他的逻辑搞混了!

"我很快就会好的,医生说我 8 天后就可以再下水了!"

他疯了吗?我原本想跟他说 35 岁以前都不准再靠近水,但我没有说,只祈祷他能永远忘记冲浪这回事。

接下来 7 天,他一直要我让他再回去冲浪,第八天我坚决地跟他说了第一百次"不",他却以其人之道还冶其身,把我打败了。

"妈,你不是教我们不能放弃自己所热爱的东西吗?"

接着他拿给我一件东西以便收买我,那是一首兰斯登·休斯(Langston Hughes)的诗,诗框在画框里。丹尼尔买下来,"因为这首诗让我想起你。"

母亲致爱子

孩子,我要跟你说:

对我而言

生命从来就不是一座水晶的阶梯

上面有钉子

还有碎片

楼梯的木板也支离破碎

地板上也没有地毯

空荡荡一片

但我都一直往上爬

有时到达了,落脚了

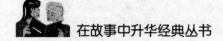

有时转弯

有时在黑暗中摸索前进

四处一片漆黑

所以，孩子，你不要回头

也不要坐在阶梯上

就只因为你发现很难走下去

你不能一蹶不振

因为亲爱的，我还要继续走下去

我还要往上爬

生命对我而言

从来就不是一座水晶的阶梯。

我屈服了！

那时候丹尼尔不过是个热爱冲浪的小孩，现在他可是身负重任的成人了，他在世界职业冲浪选手中排名第二十五。

我在远方的城市教导听众一个重要的原则，而就在我家后院，我受到了这个原则的考验，这原则就是"热爱某种东西的人会拥抱他们所喜爱的，而且从不放弃。"

拾瓶记

◇ ［美］南茜·贝内特

小时候，妈妈成天在外头干活，维持着一家人的生计。我们兄弟姐妹几个由奶奶带着。由于家里穷，零花钱成了可望而不可及的奢侈品，我们不得不自个儿想法子去挣。

我那时只有 5 岁，不能跟姐姐一样给人家当保姆，也无法像哥哥那样，周末到农场给人家打下手。我唯一能胜任的挣钱活是收集气水瓶：到户外的水沟或路边草丛中捡人家扔掉的空饮料瓶子。一个废瓶子能换回一枚闪闪发光的 5 分硬币。

那年秋天，哥哥姐姐们都返回学校念书去了，只留下我一个人独享自由自在的快乐。再过一年，我也要被关进学校，何不趁机发一笔小财呢？

每周有 3 天的时间，奶奶给麦金太尔先生照看便利店。我们有一半的时光是在那儿度过的。小店有很多好吃的，尤其是柜台后那寺售的一瓶瓶糖果：甘草棒棒糖、薄荷糖，以及太妃糖等等。但我得用现金去买这些好吃的。于是，在获得奶奶的同意后，我开始到处搜罗废弃的饮料瓶。

捡瓶子的地方主要是离店不远的田野、台阶等场所。我经常像老鹰一样盯着在地里干活的雇工，看着他们喝完最后一口汽水，忙不迭地跑过去将瓶捡回来，如获至宝。由于我长时间四处找瓶子，很快就挣够了买一小包糖果的钱。我天天乐此不疲地到处搜寻，回头再把瓶子卖给奶奶，很快我就成了奶奶的固定客户。

有一天，我照样出去捡瓶子，刚好转到了那家便利店的后面。我简直不敢相信自己的眼睛！那里散落着一地的空瓶子。我赶紧把这些宝物如数装入自己的小推车，然后拉到店的前面。奶奶见了也笑逐颜开，不停地夸自己的小孙女肯吃苦、会做事。

第二天，我再次来到相同的地点——又有一堆汽水瓶子躺在那儿，足有两打！哈哈，我发现了聚宝盆，以后再也不用眼巴巴地瞧着人家喝汽水了。

接下来的一天，我又来到那个神奇的所在，还是有更多的瓶子。我如法炮制，装入小车后，直接推到店前面，只等着奶奶来收购。

这时，一辆卡车开到了店后面。麦金太尔先生走了出来。他礼貌地朝我点了点头，然后问奶奶："在哪儿呢？我得把你提到的那些瓶子都装上。"

"在后头，"奶奶回答，又加了句："至少有 8 打，是我孙女在村子周围一个一个捡来的。"

瞧着小推车中的瓶瓶罐罐，我立即明白了一切：原来，自己正反复地把同一些瓶子卖给奶奶！

当时我怕极了，害怕奶奶因此而丢掉饭碗。没了她的收入，我们全家的日子会更加难过。我知道自己必须硬着头皮向麦金太尔先生坦白，哪怕他们把我关起来。

我大气不敢出，推着那些瓶子走到麦金太尔先生面前。我把所发生的一切和盘托出。渐渐地，我的眼泪开始流出，一丝微笑却浮现在麦金太尔先生

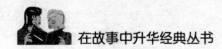
的脸上。随后他开始哈哈大笑，我如释重负，意识到奶奶不会有什么麻烦了。

后来，麦金太尔先生专门搭了个用来放空瓶子的小棚屋，以免其他的小冒险家重蹈我的覆辙。每到周日，我就帮他把空瓶子装上车。作为报酬，在劳动结束后，他会给我一瓶汽水。

"有时候，一件事情看来太容易了，那往往不是真的。"奶奶常常这样告诫我们。那年剩下的日子，我还像以前一样，在田间水沟、偏僻小路上，或是挨家挨户地找瓶子。活儿很苦很累，但在店里的柜台上数着丁当作响的硬币时，心头甭提有多舒畅了。真的，再也没有比经过自己的辛勤劳动而挣来的汽水更甜美的东西了。

你会打篮球吗？

◇ 陈宇文　潘群惟

1987 年的圣诞节前夕，我正在美国进修资管硕士学位，有一门课要求我们四个人一组到企业去实际帮他们写系统，由于同组的另外三个老美对系统开发都没什么概念，所以我这位组长只好重责一肩挑起，几乎是独立完成了所有的工作。终于拖到了结案，厂商及老师对我们的（其实是我的）系统都相当满意。第二天我满怀希望地跑去看成绩，结果竟然是一个 B，更气人的是，另外那三个老美拿的都是 A。我懊恼极了，赶快跑去找老师。

"老师，为什么其他人都是 A，只有我是 B？"

"噢！那是因为你的组员认为你对这个小组没什么贡献！"

"老师，你该知道那个系统几乎是我一个人弄出来的，是吧？"

"哦！是啊！但他们不是这么说的，所以……"

"说起贡献，你知道每次我叫 Bryan 来开会，他都推三阻四，不愿意参与吗？"

"对呀！但是他说那是因为你每次开会都不听他的，所以觉得没有必要再开什么会了！"

"那 Jeff 呢？他每次写的程序几乎都不能用，都亏我帮他改写！"

"是啊！就是这样让他觉得不被尊重，就越来越不喜欢参与，他认为你应

该为这件事负主要责任!"

"那撇开这两个不谈，Mimi 呢？她除了晚上帮我们叫 Pizza 外，几乎什么都没做，为什么她也拿 A？"

"Mimi 啊！Bryan 跟 Jeff 觉得她对于挽救贵组陷于分崩离析有绝大的贡献，所以得 A！

"亲爱的老师！你该不是有种族歧视吧？

"噢！可怜的孩子，你会打篮球吗？"（Oh! Poor kid, do you play basketball?）

这事到底关篮球什么事？这么说吧，任何一个在台湾长大的大学生，对于竞争大约都不会陌生。小考、大考、一路到联考，能够顺利进到大学的，大概都算得上竞争中的胜利者。但是不幸的是，联考的竞争比较像是打棒球，而不是打篮球。

你瞧，如果你当一个外野手，球飞过来了，你只能靠自己去接住它，别的队员跑过来，不但帮不上忙，还可能因而妨碍了你的接球。联考也是这样的一场个人秀，无论你的亲朋好友、老师同学有多么的想帮你，你最后还是得自己一个人进考场，自己为自己的未来奋斗。

但是出了联考大门，你会发现这类个人秀型的竞争是很少见的。不论你是工程师、经理人或是特殊教育的老师，你的成就必须仰赖别人跟你的合作。就像是一个篮球球员那样，任何的得分都必须靠队员之间缜密的配合。好的篮球球员如 Jordan，除了他精湛的球技之外，更重要的是他与队员间良好的默契，以及乐于与队员共同追求卓越的精神。

时间过得好快，一转眼就已经过了十年的时间，回顾我学习的历程，我发觉在那天上午，我的老师给了我一份甚至比硕士学位更宝贵的圣诞节礼物。他让我了解到狭隘地抱着"你赢就是我输"甚至"只取不予"的生活态度，虽然有时会占到一些小便宜，但是最后却只会造成自己悲惨的下场。不论我的目标是升官、发财、还是单纯地享受工作乐趣，我都需要团队的合作才能达到。今天的我，每一天的工作都需要上级的提携、同事伙伴的帮助，以及系上同学的大力配合。感谢上帝，从那天开始我就再也没有那么轻易地就搞砸过自己的团队。

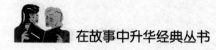

记得在我高中的时候，父亲常常告诉我："人生就像是一局桥牌，能够把一手烂牌打到最好，就是成功。"他说得很有道理，但是在这里，我想要说的是："有时候人生也像是一张牌，不论你是一张黑桃老 K 还是红心小三，重要的是，你是不是在一组同花顺里面。"一个人无论多么能干、聪明，多么的努力，只要他不能或是不愿意与团体一起合作，日后绝不会有什么大成就。

所以，孩子！你会打篮球吗？让我们一起来学一学吧！

神童是这样长大的

◇ ［美］哈里·里伯森

1912 年，在哈佛大学博士学位授予仪式上，执行主席看到一个少年，他非常惊讶，于是询问他的年龄。

少年缓缓答道："我的年龄的立方是个四位数，四次方是个六位数，这两个数刚好把 10 个数字 0，1，2，3，4，5，6，7，8，9 全用上了！"

此言一出，举座震惊，包括执行主席在内的所有人都被难住了！

其实这道题不难解答，只需要一点数字"灵感"。21 的立方是四位数，而 22 的立方是五位数，所以他的年龄最多是 21 岁。同理，18 的四次方是六位数，而 17 的四次方是五位数，所以他的年龄至少是 18 岁。这样，他的年龄只可能是 18，19，20，21 这四个数中的一个。剩下的工作是——筛选：20 的立方是 8 000，有 3 个重复数字 0，不合题意被排除。同理，19 的四次方是 130321，21 的四次方是 194 481，都不合题意也被排除。最后只剩下 18。18 的立方是 5 832，四次方是 104 976，不重不漏正好用上 10 个阿拉伯数字，多么完美的组合！

少年名叫诺伯特·维纳，美国 20 世纪最著名的数学家，控制论创始人，1894 年 11 月 26 日出生于密苏里州。

维纳从小聪明过人，3 岁能读会写，14 岁大学毕业，18 岁通过博士论文答辩，成为哈佛大学科学博士。总结自己的成功，维纳认为先天的智慧占两成，后天的教育占八成，其中，父亲对他的教育至关重要。

维纳的父亲列奥·维纳是一位语言学家，同时又有很高的数学天赋。他出生于俄国，智力早熟，13岁就会好几种语言，18岁独自漂洋过海，移居美国。列奥·维纳掌握了40多种语言，是哈佛大学南斯拉夫语系的教授。虽然他是一个神童，但他始终不承认自己是神童，更不承认儿子维纳是神童。

维纳9岁时，他的数学成绩已经超过普通大学一年级的水平。学校里不管老师还是同学们，都称维纳"小神童"。维纳自己也为这个称号沾沾自喜，但父亲列奥严肃地告诉周围的人："请不要叫他神童！"转身又对儿子说："记住，你不是神童！"

为了这件事，列奥不惜和学校的老师翻脸。从此，没人敢叫维纳"神童"。但大家都不能理解列奥的举动，认为他是一个古怪又骄傲的男人。当时，维纳已经够资格报考哈佛大学，列奥在哈佛任教，也可以给儿子更多的关照，但列奥没有这样做，反而将儿子送进一所地处偏僻的普通大学。直到维纳14岁大学毕业，列奥才允许儿子报考哈佛大学攻读博士学位。为此，维纳进入哈佛大学的时间整整延迟了5年！

在学术领域，列奥也经常告诫儿子："不要急于求成，年轻时多学东西比多出成绩对你更有帮助！"维纳谨记父亲的教诲，虽然身兼神童和少年博士双重身份，但快40岁时才当上教授。

谈及自己的人生，维纳时常感慨："我的父亲之所以成功，因为他从没将自己当成神童；我之所以成功，因为我从没将自己当成神童。9岁那年，如果父亲没将我送进一所普通大学，而是直接将我送进哈佛大学，那么就没有今天的我——我已经被人们当成神童，扼杀在早慧的摇篮里。"

维纳和他父亲的故事，印证了马克·吐温关于"什么是人最重要的信条"的言论："毫无疑问，成长是人最重要的信条，我们必须坚持不断地改变自己，一直到生命的结束。成长只能是缓慢的，一棵小树只能缓慢长大，搞拔苗助长行不通。所以，缓慢在植物那里，还是成长的基本准则。而焦躁的人并不会死，所以，缓慢就在人类社会成为稀缺元素。"

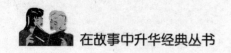

挨打得出的道理

◇ 普 京

　　小时第一次被人揍，我感到很委屈，打我的那小子看上去像个瘦猴。不过，我很快便明白，他年龄比我大，力气也比我大得多，对我来说，这街头"大学校"第一堂课就使我得到一次重要的教训。

　　我从中得出以下结论：首先，我不对。当时，那孩子只是对我说了句什么，而我却很粗鲁地把他给顶了回去，那话简直能把人噎死。实际上，我这样粗暴是毫无道理的，因此，我就当场受到了应得的惩罚。

　　第二，如果当时站在我面前的是个人高马大的壮汉，也许我就不会对他那样粗暴，而这孩子第一眼看上去瘦骨伶仃。当我吃了苦头后，我才明白不能这样做，才明白不论对谁都应当尊重。

　　第三，我明白，在任何情况下，不管我对与否，都应当是强者。可那孩子根本就没给我任何还击的希望。

　　第四，我应该时刻做好准备，一旦遭人欺负，瞬间就应当进行回击。瞬间！

　　此外，我明确意识到，不到万不得已，不能轻易卷入什么冲突。但一旦有什么情况发生，就应考虑无路可退，因此必须斗争到底。原则上说，这一公认的准则是此后克格勃教我的，但早在孩子时代的多次打架中我对此就已经烂熟于心了。

　　此后，克格勃教我的还有另外一条准则：如果你不准备动武，你就不要拿起武器，不可随意恫吓人。

　　假定你同谁发生了冲突，但在你最终决定"我现在要开枪"之前，你就不要操起武器。换句话说，不打则已，打则必胜！

贝克汉姆的"秘密武器"

◇ ［美］ 威廉·贝德

在英超 1996 年至 1997 年赛季的曼联队客场挑战温布尔队的比赛中，曼联的一个年轻队员在中场线附近得球，以一脚远射破门。从此，他走向了一条明星之路，成了能一锤定音的关键人物，并且连续两年在世界和欧洲足球先生评选中名列前茅。

他能够踢出世界上最好的右路传中球，任意球和角球也是世界一流水准，长传球犹如巡航导弹一样精准。加上帅气的外表和冷酷的眼神，使他成为足球场上的"万人迷"。他就是英格兰队的灵魂人物贝克汉姆。全名是戴维·约瑟·贝克汉姆。

当他以那令人不可思议的一记长传的脚法一举成名之后，人们一方面极力称赞、羡慕他的高超技艺，一方面也在努力探究他的这一绝活是如何练成的。

面对记者一次次好奇的提问，他总是笑而不答，这更加引起人们对这一问题的兴趣，纷纷猜测他一定有着不寻常的"秘密武器"。

这个秘密在一个非常偶然的机会里由他的父亲泰迪·贝克汉姆解开了。一次，在贝克汉姆的家里，一个记者用异常神秘的口吻问起贝克汉姆少年时练球的经历，并且搬出了他的"秘密武器"这一老问题，泰迪哈哈大笑起来。他带着记者到他家的庄园里，指着远处一棵大树上挂着的一只破旧的轮胎说："瞧，看到了吗？那就是他们说的秘密武器。"

记者用大惑不解的眼光望着泰迪："什么，你说什么？你没有搞错吧？"泰迪说："我怎么会搞错，那就是他小时候练球的武器。他把那个轮胎当成球门，一天天一年年地从不同的角度不同的距离向那个孔里面不停地踢，不停地射，如此而已。"

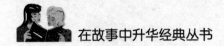

真没想到答案竟是如此出乎意料，那么一只简陋不堪的破轮胎竟然成就了一个非凡的足球天才。

查韦斯的半小时

◇ 王学华

2007年9月，南美洲国家委内瑞拉突然更改了时区，把本国的时间调慢了半个小时。

虽然是半小时，却引起了巨大的争议，因为时间变动，给这个国家带来了很大的影响。首当其冲的是金融业，为了适应新时间，银行和证券公司不得不召集程序员重新编写电脑软件程序。推迟半小时营业，一些商店的营业额会受到冲击。而一些政府部门的工作人员则要学会适应新的作息时间……许多人对调整时间感到莫名其妙，全国的中小学生却兴奋不已。

改时间以前，按照委内瑞拉学校的作息时间，中小学生每天天不亮就要起床去上学。特别是许多偏远地区的孩子，为了上学，更是要起大早、摸着黑赶往学校，孩子们很少能看到早晨的太阳。

有一个孩子，给委内瑞拉总统查韦斯写了一封信。他在信中说，因为每天要起大早去上学，所以已经有很久没有看到早晨的太阳了。孩子说自己最大的梦想就是能让早晨的时间停下半小时，这样，每个早晨都能迎着太阳去上学了。但他说这个梦想是个难题，也许只有总统才能帮助自己实现它。

孩子的来信，深深打动了查韦斯总统，他亲自组织工作组，对全国的中小学校进行了调查。结论证明了那个孩子的说法，大多数孩子不但看不到早晨的太阳，还因为睡眠不足而影响了身体健康和功课。

查韦斯作出决定：全国时间调慢半个小时。这个决定，令许多人感到震惊，有人说这是查韦斯的一时心血来潮，还有人干脆说他疯了。

"我不介意别人说我发疯了，新时制将实行下去。"这位总统在电视节目

上说，"这半个小时，可以让孩子们能够在天亮以后起床，而不是在日出之前就得爬起来去上学了。"

恰到好处的掌声

◇ 蒋　平

1991 年，一位来自辽宁沈阳的父亲带着 9 岁的儿子，来到北京寻找他们的音乐梦。

可是，父子俩一无关系、二无背景，仅凭着对音乐的执著与热爱，根本不足以引起音乐界的重视。为了能够待在京城，父亲费尽周折，勉强将儿子送进了一家小学。儿子的特长是弹钢琴，父亲花高价联系了一位有名的钢琴师上辅导课。第一天，钢琴师只教了儿子一段简单乐谱，就摇起了脑袋："这孩子，脑子比一般人笨，反应也慢，肯定上不了中央音乐学院的，趁早改行吧！"结果，性格倔强的儿子当场就和老师吵了起来，父亲怎么也劝不住，师生俩闹得不欢而散。

看着不争气的儿子，父亲心里一阵难过："这些年，爸爸辞职、卖房子，背井离乡，到处求人，不都是为了你能学好钢琴，将来上中央音乐学院吗？你现在却成了这个样子！"儿子的倔劲又上来了："爸，我再也不学琴了，我想回沈阳！"经过又一场争执之后，父亲由失望变成绝望，决定带儿子离开北京了。在他们动身的当天，接到了一个意外的通知：儿子所在的小学办晚会，老师们指定要儿子弹奏一曲钢琴。儿子显然还在气头上："不弹了，不弹了，连钢琴老师都说我笨，反应慢，我再也不摸琴了！"几位老师都很奇怪："弹得好好的，怎么说不弹就不弹了？""不摸琴？你父亲送你来北京，不就是为了学琴的吗？"然而，无论老师们怎么做工作，儿子就是不肯再摸琴了。

他们的争执引来了一群好奇的观众，那就是儿子班上的同学。接下来，令儿子感动的一幕出现，小朋友们你一言我一语地帮着劝开了："弹吧，我们都喜欢听你弹琴！""在我们心中，你的钢琴是弹得最棒的！"……那天晚上，儿子流着泪，以从未有过的激情，弹奏了几支中外名曲。台下的听众们如痴如醉，掌声四起，久久没有停下。儿子站起身来，一遍又一遍向着鼓励他的人们鞠躬，在那些连绵不绝的掌声中，儿子做出了一个改变一生的决定："我要学钢琴！我一定要学好！"凭着过人的自信加努力，两年后，儿子以第一名的成绩考入中央音乐学院附小；10 年之后，他成了中央音乐学院最年轻的客座教授，并且凭着一系列成功的演出技惊中外。他，就是被誉为"百年不遇的钢琴天才"郎朗。

成名之后，很多人问起郎朗成功的秘诀，郎朗无一例外都会提及小学时那场特殊的晚会，提及激励自己上路的掌声。后来，一位记者在专访中动情地写道："这些掌声，是对草根艺术的肯定。尽管它们不是出自名人大腕，但却在关键时刻，以恰到好处的声音，拯救了一位音乐天才。"

等你说谢谢

◇ 朱克波

那天我经过一个度假村，见一大群人围着一辆高档轿车，个个伸长了脖子张望。轿车旁边一身名牌西服的男人焦急地对大伙喊："你们谁帮我爬进车底拧一下螺丝啊？"

原来，他的车的油路出了问题，从度假村游玩出来，漏出来的油已经淌到了车身外，这里离最近的加油站也有上百公里，难怪他急得像热锅上的蚂蚁。

他身旁那打扮妖艳的女子说："看把你急的，重赏之下，必有勇夫！"于是他赶紧掏出一张百元大钞："谁帮我拧紧，这钱就是他的了！"

我身旁的小伙动了一下，却被他的同伴拉住了："有钱人的话，信不得的！"这时只见一个小孩走了过去，说："我来吧。"

操作很简单，小孩在那人的指挥下一分钟不到就拧好了，爬出来后他就用期待的眼神看着那人，男人刚想把那百元钞票递给小孩，却被女人呵斥住了："你还真打算给他100元啊？给他5元已经够多了！"

男人从女人手里接过零钱递给小孩，小孩摇了摇头。听见人群中的唏嘘声，男人又加了5块，小孩子还是摇头，男人有些生气了："你嫌少？再嫌，这10块钱也不给你啦。"

"不，我没有嫌少，我的老师说，帮人是不要报酬的！"

男人蒙了："那你怎么还不走？"

小孩说："我在等你跟我说谢谢！"

一个勇敢的人

◇ 凤　凰

进入高一，我没有想到，我会和刘国强成为同桌。跟刘国强成为同桌是我梦寐以求的事，因为他是公认的勇敢的人。

初中时我就久仰刘国强的大名。据说在一次体育课上，操场上突然出现一条蛇，大家都很害怕，而刘国强却上前将蛇捉住，并扔到了操场外面。还有一次，在回家的路上，刘国强打死了追赶小孩的狼。为此学校还表扬了他，并发给他400元奖金。一时之间，刘国强成了人们心中的武松，虽然他打的不是老虎。

成为同桌没几天，我便和刘国强成为了无话不谈的好朋友。我们一起上课、一起下课、一起吃饭、一起睡觉。刘国强特别喜欢游泳，整个秋天的每个周末，他都要拉着我去游泳。我一点都不会游泳，就算会游泳，我也不会在秋天下河游泳。刘国强的身体十分强壮，他一点都不怕冷，在水里欢快地游着。我在岸边看得心里痒痒的。刘国强告诉我等到夏天他教我游泳。

夏天来临后，刘国强每个周末都带我去河里游泳。刘国强一点也不嫌我笨，硬是教会了我游泳。后来父母知道了我常下河游泳，便将我狠狠地批了一顿，叫我以后不准再下河游泳。父母不让我下河游泳的原因很简单，就是因为在这条河里，我的一个表哥淹死了。

后来很长的一段时间里，我都不再下河游泳。暑假里，我连门都不能出，父母看管得很严。

天气十分炎热，刘国强多次来找我，那天我终于偷偷地溜出家门，跟着刘国强去了河边。远远地，我们听到呼救声，我们赶紧跑过去。河里，一个孩子正在挣扎，看样子快不行了。我跟刘国强说我们赶紧救人，可刘国强却不肯救人，他说要救让我救。

我扑通一声跳进河，游向孩子，我一手抱孩子，一手奋力地划。可是刘国强却在一边游来游去看热闹，竟不肯上前帮我一把。我费了很大的劲，才将那个孩子救上岸。然后，我躺在河岸休息，刘国强笑嘻嘻地爬过来说我真厉害，能下水救人了，当英雄了。

我没搭理刘国强，他太不够朋友了。我怀疑他曾经捉过蛇打过狼，如果他真有那么勇敢，为什么今天会见死不救呢？他见死不救，是因为他怕，他怕自己救不到孩子，反而连自己的命都搭上。

之后的日子里，刘国强多次来找我，我都没有理他。刘国强后来便不再来找我了。我和他，不再是朋友。

新的一学期开始，我要求老师调了座位。老师同意了，我和刘国强不再是同桌。那周，学校还奖给我400元钱。那个孩子的父母，将我救孩子的事，告诉了学校。而学校，为了表扬做出重大贡献或是见义勇为的学生，早就设立了一笔专项奖金。据说自这项奖金设立以来，还只有三个人得过这个奖。我有幸得奖，一时之间，我成为全校的名人。所有的人都说我很勇敢。

那段日子，我很开心，因为有许多同学崇拜我，更因为有了那400元，我由一周吃一回肉变成天天吃，浑身都有劲了，学习成绩也提高了。而刘国强，因为见死不救，臭名远扬，所有的人都对他嗤之以鼻。他很孤单。许多次，他跟我说话，我都没搭理他，以至于后来我一见他便躲开。尽管我没理刘国强，但是在心里，我还是对他有好感，因为是他教会了我游泳，我才赢得了奖金。我庆幸他当时没和我一起救人，要是他也出手，那么，我最多只能得一半奖金。

两个月后，那400元奖金，终于被我花得一分不剩。这时候的我，特别希望能再次当英雄，再次得奖金，再次风风光光地吃着可口的饭菜。

因为没有钱，我不敢再跑到前面去打饭。那天，我走在最后面，一个人打了饭悄悄地到一边默默地吃着。刘国强端着饭盒过来，他说我今天不太高兴，问我是不是出什么事了。我摇摇头。刘国强说他还想跟我做朋友，他说我有什么委屈，就尽管告诉他好了，他帮我想办法。

我生气了，我说："就你这见死不救的家伙，还想跟我做朋友，门都没有！"刘国强一脸的委屈，他说："我想那笔奖金你也用得差不多了，我应该告诉你真相了！"

接下来，刘国强告诉了我一个天大的秘密。他说那天他知道凭我一个人的力量就能救起那个孩子，说如果我真的不行的话，他再出手也不迟。他还说他不出手，让我一个人救孩子，是为了让我一个人赢得那笔奖金。因为他知道我家里不容易，他想我有了那笔奖金我的生活就会过得好一些。那位家长之所以到学校告诉老师说我下河救人，还是他去找了那位家长。他说他现在才告诉我，是担心我把奖金分给他。

我立即睁大眼睛，原来刘国强并不是个见死不救的家伙，他只是想把当英雄得奖金的机会让给我。他面对巨额奖金能抵住诱惑，面对所有人的误会甘受委屈，为了我这个早就不把他当朋友的人，他却默默地做着一个朋友应该做的事，他是一个真正勇敢的人。我一把抱紧刘国强，在他的肩上，我禁不住泪流满面。

心　灯

◇ 王黎冰

跟同学从山里回来，我眼前还老是晃动着那个深山小女孩的身影，黝黑的皮肤，清亮的双眸，瘦小的身子……我时常觉察到她内心世界的单纯、孤寂和黯淡。

从我们踏上大山深处的风景区那一刻起，她就一直跟随在我的身旁，做我的"义务讲解员"。

她背上背着一个大大的编织袋，一只手里握着两小捆上供的香烛，一看便知是想让我帮忙买她的香烛的，可嘴里却不明说，一路尾随着我"哥哥、哥哥"地叫着，一边用另一只空出来的小手指着岩洞里各式奇形怪状的石头，告诉我："这块石头就像一只鹦鹉，等会儿你再走近点看，就像一个老寿星；你再看那边洞顶的那块石头，像不像一个小猴正拿着蟠桃给你献礼呢……"

解说词背得比专业的导游还要顺溜，我也随着她手指的方向上下左右地看着。

偶尔，身边同窗好友与我说话，她就在旁边默默地跟着，等我们的谈话一结束，她又继续不厌其烦地说下去，眼里分明流露出很想你买她的东西的渴望，只是不说，让我的心也备受煎熬。

香烛是不想买的，因为没有烧香拜佛的打算，给钱更是不能（来之前导游已经叮嘱过的），主要是怕那幼小的心灵因此而蒙上灰尘，毕竟学会利用人的同情心并不是一件好事。

终于从原路返回到洞口，我也吁了一口气，总算可以解脱了。正要加快步伐走出洞去，小女孩在身后叫了："哥哥，你先别走！"

我警觉地回过头，心想这下她肯定要开口让我买她的香了吧，跟着我们这么久不就是为了这个目的吗。

这样想着，眼里不禁露出一丝厌恶，但还是转回头去，只听小女孩很认真地对我说："哥哥，攀岩表演等会儿就开始了，你们在这里看最合适了，如果走了，就看不到了。"一脸的乖巧，让人看了不由得心疼，稚嫩的童声，让我这个成年人汗颜。

早就听导游说过，攀岩表演是山里风景区开发的一个独特的旅游项目，不看就算是白来了，亏得有小女孩的提醒，我们连忙就近找了座位坐下来。表演还要等几分钟才开始，小女孩也在我们旁边的石坎上坐了下来，伸手到尼龙袋里掏出半截玉米，再掰开来，一半递给了她旁边的一位更小的女孩，剩下的一半自己津津有味地嚼着，这小半截玉米应该就是她的午餐吧。

趁此机会，我们跟小女孩随意地攀谈起来，无非是问些她的年龄和家庭状况什么的。可慢慢地，我们的心也随着问话的深入而紧了起来。

原来小女孩已经12岁了，可看那身形不过7、8岁的样子，她在家排行老三，下面还有四个弟妹（刚刚给玉米的那个就是她的一个小妹妹），从出生到现在她们一天学也不曾上过。

看着小女孩那张被太阳晒得黝黑的脸，还有那说话间双眸中隐含的与她的年龄极不相称的忧郁，不禁想起在某本杂志上曾经读过的"放羊和生娃"的故事来，心中不免有些悲哀。山里真穷，山里的孩子真苦，贫穷甚至剥夺了他们受教育的权利，要想改变自身的命运是何其的难啊。再想想身边那些城市小孩们过着的幸福生活，心里真不是滋味，谁说人生来就是平等的呢？

攀岩表演开始了，我们的谈话就此打住，我也不愿多说什么，心里被什么堵着似的。

看完表演，我们真的要启程了，从洞口到我们的停车地点还有一段距离，本以为小女孩应该离我们而去，重新寻找新的目标，谁知她依然跟在身后，弄得我思想碰撞很是激烈，不知该用何种方式表达自己对她的谢意和关心，只能后悔出门的时候没有带点家里那些闲着的小玩意或者图画书什么的。

就这样一路闹心着，回到了我们的旅游车旁，刚准备迈上车去，小女孩的声音又在耳边响起："哥哥，有吃的吗？"

一语惊醒梦中人，对啊，车上还有不少的零食呢。

还没等我应声，同伴已经迅速跑到车尾的座位上，将塑料袋中的零食倾囊倒出，打开车窗，递给了已经在车下等候的小女孩。在她的身旁还站着一大群的小伙伴，差不多的个头，差不多的装束，大家都用一种期盼的眼神向上望着。

我的心又一次缩紧了，其实，我们每个人心里清楚得很，她们需要的又何止是这点东西呢！

唉，山里的孩子啊！

面对她那单纯、孤寂和黯淡的内心，我们是不是该为她们点亮一盏明亮的且能够照亮前方的灯呢？！

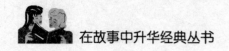

朋友改变了我

◇ 孙智康

我是一个非常讨人厌的人，许多人都不喜欢我，我十分的苦恼，因为我没有一个朋友。正因为如此，我的脾气十分暴躁，很喜欢欺负人，大家就更讨厌我了。这样恶性循环，我的名声越来越坏了。

正在这恶性循环越来越严重时，一个人进入了我的视线——他就是段宇。我们成为朋友是因为一件事，这件事使我明白了"不打不相识"这个词。

有一天，段宇很无聊，就叫我跟他一起动手打闹着玩。他学着猴子来打我，我就防守。我出一拳，他打一拳，你来我往真好玩。可是这时，他一不小心打到了我的胸口上，很痛，我哎哟了一声，于是朝他的面部回敬了一拳，把他的门牙几乎快打掉了。我很过意不去，但当时疼痛难忍，我只得选择了反击。接着老师赶来，把我们两个拉开了。

在过去的几天里，我心想，当时我如果也平静一点就好了，也就不会做出这种恶劣的行为了。我在第五天时，给他道了歉。没想到他也表示对我过意不去。于是我们俩就相互向对方异口同声说出了三个字——对不起。还说了一些感到内疚的话。接下来，我们又一起聊了好一会儿。在聊天中，我们都感觉与对方志同道合。后来，我们又分别邀约对方上自己家玩，我们一起运动、一起看书、一起打游戏、一起用餐，渐渐地我们成为了好朋友。

同段宇成为朋友以后，我的性格大大改变了，原来暴躁的脾气温和多了，也懂得善待同学了。因为我有了朋友，心中十分温馨，暴躁就消失了，这就是友谊的力量！这是朋友改变了我！

我不得不想起一句古人的话，"近朱者赤，近墨者黑"。交一个好的朋友，也能使自己变好。

愿我们的友谊地久天长。

老师，请您向我妈妈道歉

◇ 孙名先

　　飞宇是小学一年级的学生，他的爸爸妈妈文化水平都不高，均未小学毕业。现在老师布置作业又总爱让家长指导，这不，飞宇在做语文《一日一练》的时候，遇到了难题，便向妈妈求助。妈妈勉为其难，为其填上了一个词语。

　　次日，飞宇来到学校，兴冲冲地将《一日一练》交给老师检查。没想到老师的脸布满阴云，她指着练习册上飞宇妈妈填写的那个词语问："你这是填的什么？""这是我妈妈告诉我的。"飞宇颇有些自豪地解释。"是吗？哦，你妈妈这样的学问还来教你！"老师啪的一声把《一日一练》扔在讲桌上，开始检查起另一位同学的练习册来。飞宇张大嘴巴呆呆地站在讲桌前，泪水在他的眼眶里打转。

　　老师仿佛忘记了飞宇的存在，她满面笑容地批改着另一名学生的作业。许久，老师抬头表扬那名作业完成得不错的学生时才看到飞宇。她说："你回去吧，以后别指望你妈妈了。"飞宇没有立即回自己的位置，他一字一顿地对老师说："老师，您不能污辱我的妈妈，虽然她没有您有文化，但我的妈妈是世界上最好的妈妈，请您向我的妈妈道歉。"

　　老师呆住了，她看到孩子满眼的泪水，却依然笔直地站在讲桌前等着老师向他的妈妈道歉。她在…刹那间突然想起自己的孩子在她耳边常说的话"妈妈您真好""妈妈您是我最好的妈妈"，她也想起了席慕蓉的散文——《母子》。是呀，每一个孩子都把自己的妈妈当作心目中最神圣的偶像，在他们心目中自己的妈妈是不容别人来侵犯的。可自己却口不择言地污辱了一个孩子的妈妈。

　　"对不起，飞宇，我不该说那样粗俗的话。我错了，请你原谅老师，好吗？以后若是能见到你的妈妈，我一定亲口向她道歉，请你相信老师，好吗？"她这样想着，不由自主地俯下身子对飞宇说了出来。

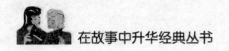
借钱的女孩

◇ 刘　霄　杜爱华

下午刚进办公室，我就看见初三级五班的数学老师气愤地对六班班主任李老师说："你班的周丽太可恶了，家长也不通情理，我真是花钱买气受。"李老师笑着问道："怎么了，我的学生惹你生气了？"张老师接着说："上礼拜周丽说生病了，找我借 20 元钱买药，今天我正好碰到他的父亲，和他说到此事。他不仅不感激我，还埋怨我说'谁让你借给她的，我给的钱足够用了，她学坏了你承担责任？'你说气人不气人。"李老师问道："家长把钱还给你了吗？"张老师更是生气，说："别提了，全当我做好人好事吧。她爸爸压根就没提还钱的事，数落我一顿就走了。"

听张老师这么一说，办公室的老师开始七嘴八舌地议论开了。语文老师说："前几周她说生活费不够，还向我借了 10 元钱，没还呢。"大家一交谈发现几乎所有的老师都借过钱给周丽，借钱的理由也基本一致，而且都没有还。

我突然想起，有一次快到周末了，周丽来找我，说："老师，您好！我生活费不够了，能借给我 10 元钱吗？下周一我就还给你。"作为老师的我没有什么理由拒绝，关心学生、爱护学生是我的天职，我毫不犹豫地借给了她。等到了下周，她却主动避开我，实在避不开时，便主动打招呼："老师，不好意思，我忘了和父母多要生活费了，下周再把钱还给你。"时间长了便不了了之。

周丽总是利用老师关心学生、不好意思拒绝学生的心理借钱，还钱的时间她会一推再推，老师们不好意思催着她还钱，结果最后大部分老师部忘了。周丽把握得很好，一个老师只借一次，而且每次绝不会超过 20 元。向认识的老师借完后，就开始找不认识的老师借，她每次都会自我介绍，老师都会借钱给她，全校上百名老师，她已经借了不少次了，估计一次也没还。

班主任李老师说："我还低估了她，现在才知道她上网的钱是怎么来的，她不仅骗你们，也骗过我。以前她偷着上网，拒不承认，说是去了姥姥家。有一次，我实在气坏了，带着她去姥姥家核实情况，老远她就开始大喊：'姥姥，我来了。'然后对我说：'那就是我姥姥家，老师你回去吧，我没有说谎吧。'我没走，进大门后，人家根本不认识她。我和她认真谈心后，她一再恳求我不要让其他老师和同学知道，以后坚决改正。为了保护她的自尊心，我答应了，没想到居然会这样。"

现在很多初中生都知道：向同学"借钱"（或者直接说就是敲诈勒索钱财）时间一长，都会被老师查出来，轻则赔偿同学的钱财，重则回家反省，这种情况大部分是男生所为。女生周丽非常"聪明"，向老师"借钱"，数目不大，老师不会太在意，时间一长，很多老师可能会忘记，再说这么一点小钱，老师不会主动去要，没有被老师查出来的后顾之忧，借钱也比较容易，无论从哪个角度考虑，老师都不可能不借给她。

老师们讨论寻找帮助周丽改正的方法。首先班主任要和家长说明事情严重性以及危害性，引起家长的重视，以期达到家校共同努力、促其改正的结果。二是和周丽认真谈谈，不能以这种方式算计老师。以后借钱必须经过班委或者班主任的同意，并说明用途，否则视为违纪。如果超过三次，会让同学知道她的所作所为。（目的是让她从内心受到震撼，感受到压力。）最后凡是被借过钱的老师要及时督促周丽还款。（目的让她及时提醒自己不能再随便借钱）。

我现在把这件事写出来，是希望老师们在尊重学生、爱护学生的同时，一定要注意，不能因为老师的爱心而给学生创造犯错误的机会啊！

老师们，如果你遇到这样的学生，你会采取什么样的教育方法呢？

编者：文中周丽这样的学生不乏少数，作为老师有责任助其改掉错误，并且还要润物细无声。希望大家一起来出谋划策，帮作者找出解决问题的最佳方法。

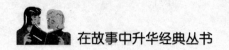

老师，我爱你

◇ 花之痕

高二（一）班的杜老师是全校公认的美女老师。她的美是一种超凡脱俗的美，绝非"漂亮"两个字可以概括。

女生们暗地里模仿着她的穿着颦笑。男生们则偷偷讨论刚刚大学毕业的杜老师是否有了男朋友云云。杜老师也常常会在课堂上发现几双盯着她出神的眼睛。这些孩子呀，刚刚情窦初开的年纪，真担心他们会散了心，误了功课。

半个学期后的某一天，值日生在男生曹小凡的抽屉里发现了一张被揉成团的纸，展开一看，上面几个蝇头小字："杜老师，我爱你！"

一石激起千层浪。第二天，这张纸条的内容就传得全班皆知了，人人看曹小凡的眼神都多了一种讥讽。曹小凡觉得自己简直成了千古罪人。他懊恼万分，痛恨自己为什么那么粗心大意，没有及时把证据销毁。更糟糕的是，他听说纸条最终被交到了杜老师的手中。他想到接下来的后果：教导处的训斥、父母的打骂也都还能忍受，可是要是自己心中的女神杜老师把自己当作一个品行恶劣的小痞子，那么他真是宁愿去死了。

曹小凡苦着一张脸，设想着种种悲惨的结局，挨到了最后一节课——杜老师的语文课。

杜老师进了教室，全班同学屏住了呼吸看着她。当然，此时的曹小凡，已经快要把头埋到抽屉里去了。可是，杜老师的脸上一点异样的神情都没有。

很快，她打开课本，从里面抽出了一张有些皱痕的纸。她甜润的声音响了起来："今天早上，有人交给了我这张纸片。你们知道这上面写着什么吗？"教室里有了窃窃的笑声。杜老师于是展了展纸片，大声读了出来："杜老师，我爱你！"窃窃的笑声瞬时演变成了哄堂大笑。杜老师却没有笑，她轻轻地摆摆手，等大家渐渐止住笑，才说："同学们，难道你们不爱我吗？"大家都愣

了一下，转而异口同声地喊了起来："爱!"

杜老师笑了："我就知道你们是爱我的，就像我爱你们一样。既然这样，你们为什么要笑话那个给我写了这张纸片的同学呢，他只不过是替你们说出了心里想说的话呀!"

大家都静了下来。杜老师又接着说："我很感谢曹小凡同学。他让我明白了我这半个学期的心血没有白费，让我明白了你们对我深深的热爱。只是同学们，你们知道应该怎么做才能真正表达对老师的爱吗?"

又是异口同声地回答："知道!"

杜老师更甜美地笑了："那么，同学们，就让我们用掌声一起感谢曹小凡同学吧，是他让我们明白了彼此间最真挚的情感。我们就用这份爱相互鼓励、相互促进吧!"

掌声在班级里回荡了很久，很久，曹小凡抬起头来，眼泪吧嗒吧嗒地掉了下来。

高考发榜的时候，杜老师的班级考上大学的学生数是全年级最多的，其中曹小凡还上了重点线。

又一个教师节到来了。杜老师源源不断地收到了来自四面八方的学生的祝福。那里面，有着相同的一句话："杜老师，我爱你!"

又遇抄书郎

◇ 田冰冰

记得去年某个时候，写过一篇文章《送书》发表在了近期的《教育故事》上。我在书店遇到三位幼儿园的年轻老师因爱书而抄书的一幕，让我始终难以忘怀。

今天下午复查身体前，我和爱人去逛书城。在教育理论书架的一角，我看到一个小小的身影，正蹲在角落里忙碌地抄着什么。我的目光从书架上自然落到了她的身上，却怔住了。

　　狭窄的书架底层，铺着一套试卷的答案。她正在忙碌地往自己的薄薄的试卷上抄写着。不多几分钟，试卷已经完成了四分之一。速度之快，果然是牛车与和谐号的距离。再定睛一看，是五年级下期的语文试卷。女孩的年岁正和我的班上的孩子相仿。

　　这心底的滋味，无法言表。

　　痛心？失望？惊诧？我不知道……良久，我在她身后轻声地说："你在抄答案？"

　　女孩惊诧地回过头来，盯着我。

　　"你可能不认识我，但我认识你。如果认为这份作业没有完成的价值，可以直接选择不写，但是不可以自欺欺人……"

　　女孩一言不发，盯着地面。片刻，她在我的提示下，迅速地收拾东西，仓皇地逃出了我的视线。

　　爱人在一旁说我不顾身体，多管他人是非。我很真诚地回答："她就在我的学生的年级，如果我不说出来，我会一直不安。"

　　又遇抄书郎，这相似却截然不同的一幕，撩起了我脑海中的波澜——

　　作业?！作业?！不动脑筋布置出来的作业，不动脑筋地完成，做了何用？不做也罢。教辅的盛行难衰，和布置的轻松密不可分。在张开渔网全面捕捞知识的同时，很难留心到这悄悄绽开口子的漏洞。美丽的春日下午，"创造性"完成任务的书店小抄写郎，是对大一统的简单作业形式的冷嘲热讽。

　　作业?！作业?！毫无陪伴和监督地放任完成。这样的假象，家长要延迟到多久后才能察觉？科学的养育，离不开陪伴和连续关注。在孩子习惯养成的时段，合理地监督与适度地放手，必然是相辅相成，缺一不可。

　　作业?！作业?！可爱的孩子，诚信的品德是你在社会的立身之本。当学校、家庭不断为教育的发展方向而反思改进的时候，但愿你不要在小事中降下自己诚信的道德砝码。